Comprendre le message de 1888

CE QUE CHAQUE ADVENTISTE DOIT SAVOIR AU SUJET DE 1888

Édition originale

Arnold V. Wallenkampf

Copyright ©2023

LS COMPANY

ISBN: 978-1-0882-5037-2

Contenudo

Présentation 5

Préface 7

Chapitre 1— De Jésus aux collines arides de Guilboa 9

Chapitre 2— Présages de la session de la Conférence générale à Minneapolis en 1888 14

Chapitre 3— Le Message de 1888 17

Chapitre 4— Forte approbation par Ellen White du message de 1888 23

Chapitre 5—Qu'arriva-t-il à la session de la Conférence générale de 1888 ? 28

Chapitre 6— Le Saint-Esprit traité honteusement 34

Chapitre 7— Pourquoi cette trahison et cette crucifixion de Jésus? 40

Chapitre 8— Péché et culpabilité Corporatifs 45

Chapitre 9— Les séquelles de la session de la Conference générale de Minneapolis 51

Chapitre 10— Le Message de 1888 vacille 57

Chapitre 11— A.G. Daniells évalue le destin du Message de 1888 63

Chapitre 12— Notre responsabilité actuelle 67

Chapitre 13— Conformisme contre Conversion 71

Chapitre 14— 1888 Nous Lance Un Défi 75

Présentation

Pour de nombreux adventistes, l'année 1888 est presque aussi importante que 1844, pour une autre raison bien sûr. Pour d'autres adventistes, tout ce qui entoure 1888 est un mystère. Que s'est-il passé ? Qu'est-ce qui ne s'est pas passé ? S'agissait-il d'un tournant pour l'Église ? Était-ce le début du "grand cri" d'Apocalypse 18 ? L'Église a-t-elle commis un péché d'entreprise cette année-là ?

Arnold V. Wallenkampf offre une vue panoramique des événements et des questions entourant la session de la Conférence générale qui s'est tenue à Minneapolis, dans le Minnesota, en 1888. Mais ce livre offre plus qu'un regard fascinant sur l'histoire de notre Église. Il présente de grandes préoccupations spirituelles qui sont toujours d'actualité pour le salut des chrétiens d'aujourd'hui.

Le Dr Wallenkampf a terminé sa vie en enseignant dans les collèges et universités adventistes en tant que directeur associé de l'Institut de recherche biblique de la Conférence générale. Il a écrit plusieurs livres, dont " Ce que tout chrétien doit savoir sur la JUSTIFICATION ", un sujet étroitement lié au présent volume.

Préface

Pour beaucoup d'Adventistes, l'année 1888 est presqu'aussi éminente et remarquable que 1844, mais, bien sûr, pour une autre raison.

Pour d'autres Adventistes, tout ce discours autour de 1888 est une énigme. Que s'est-il passé ou non à cette époque ? Est-ce que cette année a été une « ligne de partage des eaux », un « tournant décisif » pour l'Église adventiste ? Le commencement du grand cri d'Apocalypse 18 ? L'Église commit-elle un « péché collectif » cette année-là ?

Arnold Valentin Wallemkampf nous donne une vue d'ensemble en survol des événements et des enjeux gravitant autour de cette session de la Conférence générale qui se tint à Minneapolis, Minnesota, en 1888.

Mais ce livre offre davantage qu'une vision momentanée et fascinante d'histoire de l'Église. Il présente de grands intérêts spirituels qui restent pertinents, applicables pour le salut des chrétiens d'aujourd'hui.

Le Docteur Wallemkampf a couronné une vie de service dans l'enseignement dans les Collèges et les Universités adventistes, par la position de Directeur associé du Bible Research Institute - Institut de Recherche biblique - de la Conférence générale. Il a écrit de nombreux livres incluant : « Ce que chaque chrétien devrait savoir sur la justification », un sujet en relation étroite avec le présent volume.

Chapitre 1— De Jésus aux collines arides de Guilboa

Les partisans de William Miller, de 1830 à 1840, concentrèrent leurs regards sur Jésus. Ils le voyaient dans son imminent et glorieux Retour comme Seigneur des seigneurs et Roi des rois, venant les emmener dans les demeures célestes qu'il avait préparées pour les siens.

Le petit groupe des Adventistes qui, après le Désappointement de l'automne 1844, grandit pour former l'Église Adventiste du 7e jour avait aussi les yeux fixés sur Jésus. Il faisait une expérience avec lui, ayant la certitude du salut grâce au moyen de la foi en lui. Ces Adventistes transportaient avec eux cet héritage des diverses églises évangéliques d'où ils provenaient. Grâce à cette confiance, ils goûtèrent une paix et une espérance joyeuse, dans l'attente ardente du retour de Jésus. Ils soupiraient après lui, comme l'épouse soupire après l'époux qui doit venir aux noces. Pour eux, penser à Jésus était aussi doux que le miel.

Cette relation intime avec Jésus les rendit capables de survivre à la déception écrasante. Cela renouvela leur courage et les incita à avancer de nouveau selon la prophétie d'Apocalypse 10:9-11 et à proclamer le message du retour toujours proche de Jésus. Ils se le représentaient non seulement dans la gloire de sa Parousie imminente, venant prendre les siens, mais actuellement dans le sanctuaire céleste, intercédant pour eux. C'était leur amour pour Jésus et le fait d'attacher un grand prix à ce qu'il avait fait pour eux lors de sa première venue et faisait encore aujourd'hui dans le sanctuaire céleste, qui rendait plus intense leur désir de le voir, même après la déception de 1844. Avec ferveur, les premiers adventistes s'accrochaient à Jésus.

Mais même si nos ancêtres spirituels croyaient au salut par grâce au moyen de la foi, ils le prêchèrent rarement. Le fardeau de leur message public était l'imminence du Retour du Christ et leur désir d'obéir à ses commandements, y compris celui du Sabbat, en cette période d'attente. Ils ne virent pas le besoin particulier de prêcher le salut par la foi. Leurs auditeurs y croyaient déjà. C'était une prémisse inexprimée qu'il n'y a pas de salut, si ce n'est par Christ et par son sacrifice pour les péchés de l'homme. C'était un axiome pour eux; inutile de l'indiquer spécifiquement. Ainsi, dans leurs sermons et écrits, il n'y eut que de rares mentions de la justification par la foi et du salut par grâce.

Une autre raison pour laquelle les premiers Adventistes ne le firent pas était qu'ils permettaient à leurs opposants de fixer leur ordre du jour et d'organiser leurs priorités. Les premiers adventistes furent violemment attaqués par les autres chrétiens. Pour défendre certaines de leurs croyances, telles que l'obligation contraignante des dix commandements et de l'observation du Sabbat du 7e jour, ils se tournèrent vers la Bible. Il leur fut facile de trouver des textes qui liaient fortement leur foi en Jésus à l'obéissance à tous les commandements. Avec enthousiasme et triomphalement, ils prêchèrent : « Si vous m'aimez, vous garderez mes commandements » et « Celui qui a mes commandements et les garde, c'est celui qui m'aime » (Jean 14:15,21) Ainsi, l'insistance chez les adventistes triomphalistes passa peu à peu de l'amour et de l'union intime avec Jésus à l'obéissance à la loi de Dieu.

Peu à peu, Jésus commença à s'effacer de la vision et de la pensée de beaucoup d'Adventistes. On pensait rarement à l'expérience d'amour personnelle avec Jésus. Entre 1870 et 1890, beaucoup d'adventistes avaient en grande partie perdu Jésus de vue. Quand la vie spirituelle se flétrit et mourut presque dans leur coeur, Ellen White fit remarquer la disparition de la véritable expérience chrétienne. Elle lança des mises en garde. Depuis 1870, elle attira souvent l'attention sur la tiédeur de Laodicée, spécialement dans l'église de Battle-Creek, Michigan. [1] S'adressant aux pasteurs en 1879, elle déplora le fait que l'expérience chrétienne avait dégénéré en théorie et que les grandes vérités solennelles confiées à l'Église étaient souvent présentées comme une froide théorie. Elle avertit : « Une théorie de la vérité sans la piété vitale ne peut pas chasser l'obscurité morale qui enveloppe l'âme. » [2]

Faisant allusion aux pasteurs, elle dit : « Beaucoup de gens qu'ils amènent à la vérité sont dépourvus de la vraie piété. Ils peuvent avoir la théorie de la vérité, mais ils ne sont pas totalement convertis. Leur coeur est charnel, ils ne demeurent pas en Christ et lui n'habite pas en eux. C'est le devoir du pasteur de présenter la théorie de la vérité, mais il ne doit pas se contenter de faire simplement cela. Une union vitale avec le Grand Berger fera du sous-berger un représentant vivant de Christ, en fait une lumière pour le monde. » [3]

Vers le même temps, elle écrivit : « Je désire vivement voir nos pasteurs insister davantage sur la croix de Christ, ayant leur propre coeur adouci et subjugué par l'amour sans pareil du Sauveur, qui incita à ce sacrifice infini. » [4]

La plupart des membres d'église croyaient à la justice par la foi comme à une théorie abstraite. Ils lui ont donné un assentiment mental, mais il leur manquait l'expérience vivante qui leur aurait procuré la paix et la joie dans la vie chrétienne quotidienne. Presque sans le savoir ils avaient dérivé dans une expérience légaliste, attachés avec ténacité aux doctrines, dénués d'une vibrante expérience avec Jésus, comme Sauveur personnel. L'expérience chrétienne personnelle déclinante chez beaucoup de membres a abouti à une tiédeur spirituelle accrue dans les églises... Les dirigeants de l'Église ont reconnu le besoin d'un réveil spirituel. Le 21 novembre 1882, dans la Review and Herald, Georges Butler, président de la Conférence générale, appela au jeûne et à la prière du 1er au 3 décembre. Pour appuyer son appel, il fit remarquer que l'Église faisait l'expérience « de l'apostasie et du déclin spirituel ».

En conséquence, il dit : « Les progrès de l'oeuvre sont beaucoup retardés à cause du manque de consécration de notre peuple. Ceci inspira son impératif : « Nous devons être un peuple converti. »

Au moment de la session de la Conférence générale de Battle-Creek en 1886, Ellen White était en Suisse. Mais il lui fut montré une scène au Tabernacle de Battle-Creek et son guide angélique lui dit « qu'il y avait besoin d'un grand réveil spirituel parmi les hommes qui portaient des responsabilités dans la cause de Dieu » [5].

Apparemment, la condition spirituelle languissante de l'Église dura jusqu'à la session de la Conférence générale de Minneapolis en 1888. À maintes reprises, Ellen White exprima dans la Review and Herald ses soucis pour l'Église. En voici quelques exemples :

Le 15 février 1887, elle dit : « Il y a trop de formalisme dans l'Église. Ceux qui professent être guidés par la Parole de Dieu doivent être familiers avec les preuves de leur foi, et non pas être semblables au figuier prétentieux qui développait son feuillage aux yeux des hommes, mais qui, lorsqu'il fut visité par le Maître, ne portait pas de fruits. »

Le 22 mars 1887, dans la Review, elle appelle à un réveil : « Un réveil de la véritable piété parmi nous est le plus grand et le plus urgent de tous nos besoins. Le rechercher doit être notre première tâche. Il ne faut attendre un réveil qu'en réponse à la prière. Tandis que le peuple de Dieu est si dépourvu du Saint Esprit, il ne peut pas apprécier la prédication de la Parole. Il y a des gens dans l'Église qui sont inconvertis. »

Le 24 juillet 1888, elle écrivit dans la Review : « La question solennelle doit toucher chaque membre de nos églises. Comment nous tenons-nous devant Dieu, en tant que soi-disant disciples du Christ ? ... La mort spirituelle s'est abattue sur le peuple qui devrait manifester la vie, la pureté et la consécration, par le plus sérieux dévouement à la cause de la vérité. »

Beaucoup des assistants réunis à Minneapolis pour l'assemblée pastorale et la session de la Conférence générale étaient apparemment dans un état de mort spirituelle. Le matin du 10 octobre, dans sa première exhortation adressée à l'assemblée pastorale, Ellen White dit : « Frères, il y a une nécessité certaine que nous nous élevions à un niveau plus élevé et plus saint. » [6]

Une semaine plus tard, dans sa première présentation à la Conférence générale, elle dit : « Il y a beaucoup de pasteurs qui n'ont jamais été convertis » et « ils ne participent pas de la nature divine, Christ n'habite pas dans leur coeur par la foi ». Elle ajouta que beaucoup d'entre eux étaient entrés dans le ministère et que leur influence avait démoralisé les églises. En conséquence, « on prêche beaucoup trop de sermons dépourvus de Christ ». Sa supplication finale dans ce sermon fut : « Oh, puissions-nous être convertis. Nous désirons que les pasteurs et ces jeunes gens (jeunes pasteurs) se convertissent. » [7] L'Église Adventiste du Septième Jour qui avait débuté comme un groupe de croyants jouissant d'une fervente amitié avec Dieu et dépendant seulement de Jésus pour le salut avait, au moment de la Conférence générale de 1888, brisé sa relation avec lui. Spirituellement bien des pasteurs erraient avec leur troupeau sur les collines arides de Guilboa. Ellen White utilise souvent l'expression « les collines de Guilboa » pour décrire l'expérience spirituelle stérile de beaucoup de ses frères croyants. Dieu considéra avec pitié l'Église qu'il aimait. Il avait préparé deux hommes jeunes pour aider à ranimer ses membres défaillants et pour les rétablir dans une communion vivante, fonctionnelle et pleine de l'Esprit saint avec lui.

Références:

1. Voir Testimonies for the Church, Ellen White, vol. 3, p. 201 vol. 4, p. 87-88. Déjà en 1850, Ellen White avait identifié l'Église Adventiste comme étant Laodicée (voir Testimonies, vol. 1, p. 185-195)

Idem, Vol. 4, p. 313, 314

Idem, p. 315

Idem, p. 374, 375

E. G. White, Manuscrit 15, 1888, dans Thirteen Crisis Years de A. V. Olson., p. 305

E. G. White, Manuscrit 6, 1888, ouvr. Olson p. 250

E. G. White, dans Review and Herald, 8 Oct. 1889 dans livre cité d'Olson, p. 264-266.

Chapitre 2— Présages de la session de la Conférence générale à Minneapolis en 1888

La session de la Conférence générale de 1888 avait été convoquée à Minneapolis le 17 octobre. Il était programmé qu'une convention de pasteurs devait la précéder.

A.T. Jones, 38 ans, et E.J. Waggoner, 33 ans, co-rédacteur en chef de Signs of the Times avaient été invités à faire une série de sermons. De haute taille, Jones s'était converti à l'Adventisme. Ayant connu le message adventiste alors qu'il était à l'armée, il avait beaucoup utilisé ses loisirs à étudier l'histoire et la Bible. En 1873, démobilisé, il fut baptisé et se mit à prêcher sur la côte ouest. En mai 1885, il devint rédacteur en chef adjoint pour les Signs.

Waggoner était petit de taille et fils de l'ex-rédacteur en chef des Signs, J.H. Waggoner. Docteur en médecine, devenu pasteur en 1884, il fut nommé rédacteur adjoint des Signs, subalterne de son père. Quand, en 1886, Waggoner père alla en Europe pour aider les croyants, les deux jeunes hommes devinrent co-rédacteurs des Signs.

Certaines de leurs idées théologiques différaient du courant de pensée d'alors chez les adventistes. Ils étaient fascinés par Christ, la seule justice du pécheur repentant. Cela sous l'influence du pionnier, J.H. Waggoner qui leur présenta les sujets de l'expiation et de la justice par la foi. En étudiant les épîtres aux Romains, aux Galates et aux Hébreux, ils s'étaient enflammés pour la beauté du caractère et les charmes de Jésus. Ils reconnurent le besoin urgent d'une meilleure compréhension de l'expérience de la justice par la foi dans l'Église Adventiste. [1] Ils se sentirent clairement chargés de répandre la connaissance à salut de Christ et de sa justice. En tant que rédacteurs de Signs, ils utilisèrent ses pages pour publier leurs vues et ils les proposèrent dans les classes de Healdsburg College et les présentèrent dans leurs sermons dans la région de la Baie de San Franscisco.

En histoire, Jones était arrivé à la conclusion que l'une des cornes dans Daniel 7 représentait les Alamans plutôt que les Huns. Uriah Smith, interprète prophétique reconnu, avait d'abord encouragé Jones dans ses recherches mais quand Jones arriva à cette conclusion différente de la sienne, Smith lui retira son soutien. Les dirigeants à Battle-Creek, ont pensé que les deux jeunes hommes avaient profité injustement de leur position de rédacteurs pour disséminer leurs idées dans le public avant de les présenter aux frères dirigeants, procédé qui avait été décrit par James White dans son livre Life Sketches, de 1880 [2]. De plus, la rumeur précéda les deux hommes à la Conférence qu'ayant gagné le soutien d'Ellen White et de son fils Willy et d'autres de la Côte Ouest, ils venaient à Minneapolis pour imposer leurs idées aux délégués. La conception de Waggoner et de Jones concernant la justification par la foi impliquait le sens du mot « loi » dans les Galates. Ils croyaient qu'il se référait au Décalogue plutôt qu'à la loi cérémonielle. La « loi » dans les Galates était un sujet de discussion dans l'Église depuis plusieurs années déjà. En 1886, Georges Butler, président de la Conférence générale, consulta Ellen White pour s'assurer de sa compréhension. Ne recevant pas une réponse immédiate, il publia alors « La loi dans le livre des Galates » à la Review and Herald, à Battle Creek. Il s'y référait à des articles publiés dans les Signs à Oakland qui affirmaient que c'était la loi morale. Dans son livre il réfutait énergiquement ce concept. [3]

L'année suivante, le 5 avril 1887, Ellen White écrivait de Bâle : « Je suis troublée; par ma vie, je ne puis me rappeler ce qui m'a été montré en rapport avec les deux lois. » [4] Mais elle n'avait pas non plus de lumière sur l'identification de l'une des dix cornes de Daniel 7.

Son appel aux deux partis était d'enterrer leurs idées partisanes et de présenter un front uni devant le monde. Elle savait que le sujet de leur controverse ne les conduirait pas à la désunion.

Quand elle recommanda une discussion ouverte et franche des deux questions, le désaccord apparent disparut. Waggoner et Jones cessèrent de discuter de leurs idées, excepté qu'en 1888, Waggoner publia un petit livre : « L'Évangile dans le livre des Galates », en réponse au livre de Butler, paru deux ans plus tôt. Ce livre fut donné à ceux qui le demandèrent. Pour la session d'octobre 1888, Butler suggéra à W.C. White plusieurs sujets de discussion. Parmi ceux-ci, il nomma surtout les dix royaumes de Daniel 7 et la loi dans les Galates [5]. Jones devait présenter les résultats de ses recherches historiques sur Daniel 7 et surtout les dix cornes, en plus de ses sermons sur Christ, notre justice. La série d'études sur la prophétie devait se faire durant l'assemblée pastorale. Waggoner devait diriger une série de cultes à l'assemblée pastorale et à la session de la Conférence générale sur Christ et sa justice en rapport avec la loi. [6]

Les dirigeants à Battle Creek attendaient un conflit à la Conférence de Minneapolis. Les idées de Jones et de Waggoner sur Christ et sa justice, en relation avec la loi dans les Galates étaient spécialement gênantes pour eux. [7

Références:

1. SDA Encyclopedia, édition révisée en 1976, p.707, 1553, 1054
2. Notez spécifiquement p. 399
3. R.W. Schwarz, Light Bearers to the Remnant, p. 185-187, éd. en 1979 par Pacific Press
4. Cité par E. Durand, Yours in the blessed hope, Uriah Smith (Review and Herald, 1980), p. 265. Mais neuf ans plus tard, il n'y eut pas d'hésitation. Le 6 juin 1895 elle écrivit à Uriah Smith d'Australie : « La loi a été notre maître d'école pour nous amener à Christ, pour pouvoir être justifié par la foi (Gal. 3:24). Dans ce texte, le Saint-Esprit, par l'apôtre, parle essentiellement de la loi morale. Elle nous révèle le péché et nous fait sentir notre besoin de Christ et nous fait fuir jusqu'à lui pour obtenir le pardon et la paix. » (Messages choisis, Ellen White, 1958, vol. 1, p. 275, E. Durand, p. 265)
5. W.C. White à D.T. Jones, 8 avril 1890, p. 3, 6. Le pasteur Butler dit plus tard qu'il ne pouvait pas se rappeler avoir suggéré ces sujets à la discussion. Il regrettait plutôt qu'ils aient été entamés
6. Schwarz, p. 187
7. A.W. Spalding, Origin and history of Seventh-day Adventists, Review and Herald vol. 2, p. 291, 292.

Chapitre 3— Le Message de 1888

Les sermons de Jones et Waggoner à la session ne furent pas enregistrés ni certains sermons d'Ellen White. Mais on peut saisir la substance de leur message d'après leurs écrits. Waggoner parla sur Christ et sa justice. Après la Conférence, il publia « Christ et sa justice » qui donne une idée de la vigueur de ses études. Tout ce livre exalte avec joie l'amour et la miséricorde de Dieu manifestés en Jésus. Waggoner exhorta ses lecteurs à considérer Christ continuellement et avec intelligence. « Christ doit être élevé par tous ceux qui croient en lui, le Rédempteur crucifié, dont la grâce et la gloire sont suffisantes pour satisfaire le plus grand besoin du monde. Cela veut dire qu'il doit être "exalté" dans toute sa beauté et sa puissance, comme "Dieu avec nous" afin que son attrait divin puisse ainsi attirer tous les hommes à lui. » [1]

La certitude du pardon de nos péchés repose sur le fait que le législateur lui-même, celui contre qui nous nous sommes rebellés et que nous avons défiés est celui qui s'est donné pour nous. « En Christ, Dieu s'est donné pour notre rédemption, car on ne doit pas imaginer que le Père et le Fils étaient séparés dans cet acte. Ils furent un en ceci comme dans tout le reste. » [2]

« Quelle merveilleuse manifestation d'amour ! L'innocent souffrit pour les coupables, le Juste pour les injustes, le Créateur pour les créatures, l'Auteur de la loi pour les transgresseurs de la loi, le Roi pour ses sujets rebelles... L'amour infini ne put pas trouver de plus grande manifestation de lui-même. Le Seigneur peut bien dire : « Qu'aurait-on pu faire de plus pour ma vigne que je n'ai fait pour elle ? » [3]

L'amour divin embrasse toute la création. Au moyen de sa mort sur la croix, Jésus racheta le monde entier. « Il ne racheta pas un certain groupe, mais tout le monde des pécheurs. "Car Dieu a tant aimé le monde qu'il a donné son seul Fils engendré." (Jean 3:16) Jésus dit : "Le pain que je donnerai est ma chair que je donnerai pour la vie du monde." (Jean 4:51) "Car, lorsque nous étions encore sans forces, au temps convenable, Christ est mort pour les impies." "Dieu prouve son amour envers nous, en ce que, alors que nous étions encore pécheurs, Christ est mort pour nous." (Romains 5:6-8) » [4]

« Nous ayant rachetés par son sang, Christ accepte tout pécheur repentant tel qu'il est et le recouvre du vêtement de sa propre justice. Ce faisant, il ne procure pas un manteau pour le péché, mais il enlève le péché. Ceci montre que le pardon des péchés est quelque chose de plus qu'une simple formalité, qu'une simple écriture dans les livres célestes d'enregistrement, ayant pour résultat l'annulation du péché. Le pardon des péchés est une réalité; c'est quelque chose de tangible qui transforme l'individu d'une façon vitale. Le pardon le débarrasse réellement de la culpabilité, il est justifié, rendu juste; il a certainement été soumis à un changement radical. Il est en fait une autre personne. » [5] Waggoner montre que ceci est en accord avec l'enseignement de Paul disant que « si quelqu'un est en Christ, il est une nouvelle créature » (2 Cor. 5:17).

Waggoner et Jones affirmaient : « Le Rédempteur va au-delà du pardon. Le croyant qui a accepté Jésus comme son substitut et son garant pour le salut apprend à le connaître comme son exemple et comme celui qui rend capable de vaincre le péché. La victoire sur le péché est sûrement ancrée dans l'incarnation du Christ. » [6]

« Par l'incarnation, expliqua Waggoner, Christ prit sur lui la ressemblance de l'homme pour pouvoir racheter l'homme. » Il continue : « Il a fallu qu'il soit fait comme l'homme pécheur, car c'est l'homme pécheur qu'il est venu racheter. La mort ne pouvait pas avoir de pouvoir sur un homme sans péché, tel qu'Adam en Éden et elle n'aurait pu avoir de pouvoir sur Christ si le Seigneur n'avait pas fait reposer sur lui l'iniquité de nous tous. Bien plus, le fait que Christ se revêtit lui-même de la chair, non d'un être sans péché mais de l'homme pécheur, c'est-à-dire que la chair qu'il prit avait toutes les faiblesses et les tendances au péché auxquelles la nature humaine déchue est sujette, cela est montré par l'affirmation qu'il fut fait de la semence de David selon la chair. David avait toutes les passions de la nature humaine. » [7]

Après avoir cité 2 Cor. 5:21 qui dit : « Pour l'amour de nous, il (Dieu) l'a fait (Christ) devenir péché, lui qui n'a pas connu le péché, afin qu'en lui. nous puissions devenir justice de Dieu », Waggoner commenta : « Ceci est beaucoup plus fort que l'affirmation qu'il fut formé à la ressemblance de la chair de péché. Il fut fait pour être péché... L'Agneau sans tâche de Dieu, qui ne connut pas le péché, fut formé pour être le péché. Sans péché et pourtant non seulement considéré comme un pécheur mais revêtant réellement sur lui-même la nature pécheresse. Il fut formé pour être le péché, afin que nous puissions devenir la justice. » [8]

Mais quoique Waggoner présente Jésus comme venant dans la chair de péché, il se garda avec soin de faire de lui un pécheur. Il dit : « Certains ont pu penser en lisant ceci que nous dévalorisons le caractère de Jésus, en l'abaissant au niveau de l'homme pécheur. » Au contraire, nous exaltons simplement la puissance divine de notre

Sauveur béni qui, lui-même, volontairement, descendit au niveau de l'homme pécheur pour pouvoir élever l'homme jusqu'à sa propre pureté immaculée qu'il conserva dans les circonstances les plus adverses son humanité voilait simplement sa nature divine... Il y eut dans toute sa vie un combat. La chair, provoquée par l'ennemi de toute justice, aurait tendance à pécher, cependant sa nature divine pas même un moment, n'abrita jamais un désir mauvais et sa puissance divine ne chancela pas un seul instant. » [9]

Waggoner encouragea ses auditeurs et ses lecteurs en affirmant : « Vous pouvez avoir la même puissance qu'il a eue si vous le voulez. Il était assailli par les infinités, mais il ne pécha pas, à cause de la puissance divine qui demeurait constamment en lui. » [10]

Waggoner se référa à la promesse de Dieu, selon Paul dans Éphésiens 3:14-19, à savoir que tout croyant peut être fortifié par Christ demeurant dans son coeur par la foi au moyen du Saint Esprit. De cette façon, toute âme qui le veut peut être remplie de la plénitude de Dieu qui est capable de nous donner la force et soucieux de le faire « beaucoup plus abondamment que tout ce que nous demandons et pensons ». Toute la puissance habitant en Christ, nous pouvons l'avoir habitant en nous par grâce car il l'accorde généreusement. Avec confiance, Waggoner affirme que Christ, plus fort que Satan, peut habiter continuellement dans le coeur du croyant. Ainsi, il peut regarder les assauts de Satan comme du haut d'une solide forteresse et dire : « Je peux faire toutes choses en celui qui me fortifie. » [11]

Le message de la justice par la foi présenté en 1888 était vraiment celui de l'espoir et du courage. Il offrit le pardon pour tout péché et chaque péché. Bien plus, il présenta la victoire sur le péché. Waggoner voulait d'abord que les chrétiens au coeur défaillant décident de vivre dans la confiance et l'amour à l'égard de Dieu.

Pourtant, Waggoner a prévenu que Satan n'était pas disposé à laisser ses anciens esclaves échapper sans lutte. Il exhorta tous les disciples de Christ à toujours se souvenir que Christ les avait libérés et qu'ils ne sont plus les serviteurs de Satan. Mais la victoire exige un abandon constant à la volonté de Dieu. Sans cela, il n'y a pas de victoire [12]. En prescrivant son remède pour être victorieux de la tentation, Waggoner est revenu à son avertissement du début : « Gardez vos yeux, vos pensées et vos affections sur Jésus. Dans l'un de ses sermons, qui parut dans Signs of the Times, du 25 mars 1889, Waggoner utilisa des images extraites de l'histoire et montra comment Jésus donnera de l'énergie au plus faible, pécheur mais repentant, dans la bataille contre le péché et contre Satan.

« Les soldats d'Alexandre le Grand, écrit Waggoner, étaient considérés comme invincibles car ils étaient conduits par Alexandre. Leur force était dans le fait qu'il les conduisait. Avec un autre chef, ils auraient souvent été battus. Ils étaient forts parce que leur chef était fort. Sans lui, les hommes n'étaient qu'une cohue affolée. Lui étant à leur tête, ils devinrent une armée invincible. Vous les auriez entendu louer leur général avec joie. C'est par lui qu'ils étaient forts; c'est son esprit qui les animait. »

Les pensées d'un croyant victorieux ne doivent pas s'arrêter sur la tentation et les difficultés. Waggoner a dit que si les pensées d'une personne demeurent fixées sur les tentations, elle succombe inévitablement en leur faisant face. Au contraire, les pensées d'un croyant victorieux doivent se concentrer sur Dieu et sa puissance. Il se référa à Jéhojada de Juda dont la victoire sur les Moabites, les Ammonites et leurs alliés est consignée dans 2 Chroniques 20.

Waggoner rappela à ses lecteurs que dès que le Roi connut l'invasion ennemie, il alla avec son peuple au Temple et ouvrit son coeur devant Dieu : « Ta main tient la toute-puissance et personne ne peut te résister. » (2 Chron. 20:6) « Nos yeux sont fixés sur toi. » (Verset 12) Tous s'humilièrent devant Dieu et il leur donna une grande victoire. Waggoner dit : « Eh bien, celui qui peut prier à l'heure du besoin en reconnaissant si bien la puissance de Dieu a déjà la victoire de son côté. Car, remarquez-le, non seulement le roi déclara sa foi dans la puissance étonnante de Dieu, mais il revendiqua la force de Dieu comme étant sienne. » Avec sa propre force, personne ne peut vaincre Satan. Mais devant la tentation, tout croyant doit se rappeler la promesse de Dieu à Jéhojada nous conseille Waggoner : « Ne crains pas, ne sois pas effrayé, car ce n'est pas ta bataille, mais celle de Dieu. » (Verset 5). [13] Waggoner vit que celui qui est rempli du Saint Esprit et qui regarde à Jésus vaincra le péché. Quelles merveilleuses possibilités a le chrétien dit-il ! Quelles hauteurs de sainteté il peut atteindre. Peu importe ce que Satan pourra faire contre lui, l'assaillant là où la chair est la plus faible, il peut rester à l'ombre du Tout-puissant et être rempli de la plénitude et de la force de Dieu. Celui qui est plus fort que Satan peut habiter dans son coeur continuellement et ainsi regarder les assauts de Satan comme du haut d'une solide forteresse. Il peut dire : « Je puis faire toutes choses par Christ qui me fortifie. » [14]

La victoire du péché est inhérente à une compréhension de la vérité du sanctuaire selon Jones et Waggoner. Ellen White partagea leur vue. Dans son sermon, du 20 octobre 1888, le Sabbat de la Conférence de Minneapolis, elle dit : « Maintenant Christ est dans le sanctuaire céleste. Il est en train de faire l'expiation pour nous, de purifier le sanctuaire des péchés du peuple. Donc, nous devons entrer par la foi dans le sanctuaire avec lui et commencer l'oeuvre dans le sanctuaire de nos âmes. Nous devons nous purifier nous-mêmes de toute souillure et de toute chose obscène pour la chair et l'esprit, réalisant la sainteté dans la crainte de Dieu (2 Cor. 7:1, KJV). [15]

Pour Ellen White, la réponse personnelle à la purification du sanctuaire céleste impliquait la purification du temple de l'âme de tout croyant. Ceci se reflète dans ses écrits postérieurs. En 1890, elle a écrit : « Christ est en train de purifier le temple du ciel des péchés du peuple et nous devons travailler en harmonie avec lui sur la terre et purifier le temple de l'âme de sa souillure morale. » [16]

Ellen White appelle cette compréhension de la justification par la foi « le message du troisième ange, en vérité » [17]. Cette vérité devait rassembler un peuple qui garde les commandements de Dieu et la foi de Jésus (Apoc. 14:12) et le qualifier pour rencontrer le Seigneur dans la paix et la joie à son retour. Elle résuma cette compréhension transformatrice de la justification et de la justice par la foi par l'expression : « les charmes incomparables de Christ » [18]. Jones et Waggoner avaient personnellement saisi la vision de cette gloire sans pareille de Christ. Un tel concept libérerait les croyants des pièges du légalisme. Et ainsi, ils partagèrent avec joie avec leurs frères délégués à la Conférence générale de Minneapolis en 1888.

Références:

1. E.J. Waggoner, Christ and His Righteousness, (édition 1972) p. 71
2. Idem, p. 66
3. « Le Sauveur désirait vivement que ses disciples comprissent pour quel but sa divinité s'était unie à l'humanité. Il était venu dans le monde pour y déployer la gloire de Dieu, afin que l'homme fût relevé par son pouvoir régénérateur. Dieu se manifestait en lui pour qu'il se manifestât en eux. Jésus n'a montré aucune qualité et n'a exercé aucun pouvoir que l'homme ne soit capable d'obtenir par la foi en lui. Tous ses disciples peuvent atteindre à son humanité parfaite s'ils veulent se soumettre à Dieu comme il l'a fait. » Jésus-Christ. p. 689. « Notre suffisance n'existe que grâce à l'incarnation et à la mort du Fils de Dieu. » Messages choisis, vol. 1, p. 355. « En revêtant notre nature, Jésus a uni l'humanité à la divinité. En Christ, il y a eu soumission de l'humain au divin. Il revêtit sa divinité de notre humanité et plaça sa propre personne sous l'obéissance à la divinité. Christ exige que l'humanité obéisse à la divinité. Dans son humanité, Christ a obéi à tous les commandements de son Père. » E.G. White, R. and H. 9-11-1897. C'était sa divinité, non son humanité qui rendit Jésus capable de vaincre chaque tentation insidieuse présentée par Satan. L'incarnation de Christ garantit que nous pouvons choisir de devenir participants de la nature divine (2 Pierre 1:4) De cette façon, nous pouvons aussi devenir victorieux sur la tentation et le péché, comme Jésus l'était dans l'incarnation, tandis qu'il demeura dans la chair de l'homme
4. Waggoner, ouvrage cité, p. 26, 27
5. Idem, p. 27, 28
6. Idem, p. 28, 29
7. Idem, p. 29
8. Idem, p. 29, 31
9. Idem, p. 92-95
10. Idem, p. 78, 80
11. Idem, p. 30, 31
12. Olson, Thirteen Crisis Years, p. 276
13. E.G. White, Review and Herald, 11 févr. 1890
14. Idem, 1er avril 1890
15. Olson, ouvr. cité, p. 53

Chapitre 4— Forte approbation par Ellen White du message de 1888

Elle dit de sa réaction quand elle entendit Jones et Waggoner à Minneapolis : « Toutes les fibres de mon coeur disaient : Amen! » [1]

Naturellement, elle voulait soutenir ce message car elle-même l'avait prêché depuis des années. « Dans un sermon à Rome (New-York), le 19 juin 1889, on m'a demandé : « Que pensez-vous de la lumière que ces deux hommes présentent ? Eh bien, je vous la présente depuis quarante-cinq ans -- les charmes inégalés de Christ. C'est ce que j'ai essayé de présenter devant vos esprits. Quand frère Waggoner exprima ces idées à Minneapolis, ce fut le premier enseignement clair à ce sujet, sortant d'une bouche humaine, que j'ai entendu, sauf les conversations entre mon mari et moi. » [2]

Ellen White avait, en fait, présenté Jésus comme la base du salut de l'homme. Voici quelques références à ses écrits et à son oeuvre. À un pique-nique au lac Goguac (Battle Creek, Michigan) en mai 1870, elle disait : « Je vous recommande Jésus, mon Sauveur béni. Je l'adore; il est magnifique pour moi. Oh, si j'avais une langue d'immortel pour pouvoir le louer comme je le désire ! pour pouvoir me tenir devant l'Univers assemblé et parler avec des louanges de ses charmes sans pareils ! » [3]

Depuis, et spécialement après 1888, la phrase « charmes incomparables » de Jésus apparaît souvent lorsqu'elle insista sur le caractère indispensable de son action pour la vie chrétienne. Souvent, elle fit ressortir la nécessité d'une association vivante avec Jésus et d'être revêtu de sa Justice. En 18ô2, elle écrivit : « Il ne suffit pas de croire à son sujet; vous devez croire en lui. Vous devez compter totalement sur sa grâce qui sauve. » [4] Et « que l'orgueil soit crucifié et que l'âme soit revêtue de la robe sans prix de la justice de Christ.

Dans un culte matinal avec les pasteurs à la session de la Conférence générale de Battle-Creek de novembre 1888, elle exalta Jésus et sa justice comme l'unique fondement du salut de l'homme. « Rien, sinon sa justice ne peut nous donner droit à une seule des bénédictions de l'alliance. Nous avons longtemps désiré et essayé d'obtenir ces bénédictions, mais nous ne les avons pas reçues car nous avons entretenu l'idée que nous pouvions faire quelque chose pour nous rendre dignes d'elles. Nous n'avons pas détourné nos regards de nous-mêmes en croyant que Jésus est un Sauveur vivant. Nous ne devons pas penser que notre propre grâce et nos propres mérites nous sauvent; la grâce de Christ est notre seul espoir de salut. Quand nous croirons Dieu pleinement et compterons sur les mérites de Jésus-Christ comme sur ceux d'un Sauveur qui pardonne le péché, nous recevrons toute l'aide que nous pouvons désirer. [5]

Elle poursuivit : « Certains semblent croire qu'ils doivent être mis à l'épreuve et prouver à Dieu qu'ils se sont réformés avant de pouvoir revendiquer sa bénédiction. Mais ces chères âmes peuvent prétendre à la bénédiction maintenant même. Elles doivent accepter sa grâce, l'Esprit de Christ, pour les aider dans les infirmités ou bien elles ne pourront pas former un caractère chrétien. Jésus aime que nous venions à lui comme nous sommes, pécheurs, désemparés et dépendants. » [6]

À la même Conférence, dans les remarques adressées aux pasteurs dans leur culte matinal du 13 novembre, elle dit : « Beaucoup commettent une faute... Ils espèrent vaincre par leurs propres efforts et par leur bonté obtenir l'assurance de l'amour de Dieu. Ils n'exercent manifestement pas la foi; ils ne croient pas que Jésus accepte leur repentance et leur contrition, et donc ils peinent jour après jour, sans trouver repos ou paix. Quand le coeur est pleinement livré à Dieu, l'amour jaillit dans l'âme et le joug de Christ est facile et son fardeau léger. La volonté est absorbée dans la volonté de Dieu et ce qui était une croix devient un plaisir. » [7] Ellen White croyait que la justice par la foi engendre une association avec Jésus, apportant la victoire sur la tentation. Quand elle entendit le message douloureusement nécessaire de Waggoner à la Conférence de Minneapolis, elle l'apprécia naturellement. Elle espérait qu'un tel message réveillerait les expériences chrétiennes endormies des personnes présentes et les renverrait chez elles avec la grâce de Christ dans leur coeur et avec son message sur leurs lèvres.

Le dernier jeudi de la Conférence, le 1er novembre 1888 (la session prenait fin le dimanche 4), elle dit : « Le Docteur Waggoner nous a parlé d'une façon directe. Il y a une lumière précieuse dans ce qu'il a dit. Je vois la beauté de la vérité dans l'expérience de la justice de Christ en relation avec la loi, comme il nous les a présentées. Beaucoup, ici, disent : C'est la lumière et la vérité. Pourtant, vous ne l'avez pas présentée sous ce jour jusqu'à présent. Ce qui a été présenté s'harmonise parfaitement avec la lumière qu'il a plu à Dieu de me donner tout le temps de mon expérience. [8]

Après la Conférence de Minneapolis, Ellen White a toujours parlé favorablement du message de Christ, notre Justice que Waggoner et Jones avaient présenté si clairement. [9] Dans l'un de ses sermons durant l'une des réunions de réveil avec Jones à South Lancaster, Massachusetts, en janvier 1889, elle dit qu'elle avait présenté le « message même que Dieu avait envoyé à son peuple pour ce temps », [10] L'été suivant, elle dit : « le présent message de la justification par la foi -- prêché par Jones et Waggoner -- est un message venant de Dieu; il porte des lettres de créance divines et il a pour fruit la sainteté. » [11] En 1892, elle le désigna comme « le grand cri du troisième ange qui a déjà débuté dans la révélation de la justice de Christ, le Rédempteur qui pardonne le péché. C'est le début de la lumière de l'ange dont la gloire doit remplir toute la terre. » [12] Pour elle « le message donné... par A.T. Jones et E.J. Waggoner est le message de Dieu à l'Église de Laodicée » [13].

En mai 1895, elle écrivit que Dieu désigna Waggoner et Jones « pour apporter un message spécial au monde » [14]. Le 1er mai 1895, dans une lettre adressée de Tasmanie à frère O.A. Olsen, président de la Conférence générale, elle rappela : « Dieu, dans sa grande miséricorde, envoya un message très précieux à son peuple au moyen des pasteurs Jones et Waggoner. Il devait présenter d'une façon plus marquante au monde le Sauveur élevé, le sacrifice pour les péchés du monde entier. Il présenta la justification par la foi dans celui qui est notre garant; il invita le peuple à recevoir la justice de Christ... Voilà le message que Dieu ordonna d'annoncer au monde. C'est le message du troisième ange qui doit être proclamé d'une voix forte et accompagné de la pluie de son Esprit dans une grande mesure...

« Le, message de l'Évangile de sa grâce a été annoncé à l'Église en termes clairs et distincts, afin que le monde ne dise plus que les adventistes du 7e jour parlent de la loi, de la loi, mais n'enseignent pas Christ et ne croient pas en lui...

Ainsi, Dieu donna à ses serviteurs un témoignage qui présenta la vérité comme elle est en Jésus et c'est le message du troisième ange, avec des directives claires et distinctes. » [15]

Dans la même lettre, elle dit encore : « Dieu donna à ses messagers exactement ce dont le peuple avait besoin. Ceux qui reçurent ce message furent grandement bénis. Ils virent les rayons brillants du Soleil de Justice et la vie et l'espérance jaillirent dans leur coeur. Ils contemplaient Christ. » [16]

Il y a beaucoup d'autres affirmations similaires d'Ellen White, indiquant l'approbation divine du message de Waggoner et de Jones. Elle essaie aussi de prévenir le rejet du message de la justice par la foi ainsi présenté, en indiquant spécifiquement que ces deux hommes pourraient être éloignés de la vérité par Satan.

Mais pas même leur future et concevable apostasie n'invaliderait leur message donné par Dieu de la justice par la foi. Elle dit dans deux lettres de 1892, respectivement :

« Si les messagers de Dieu, après avoir tenu vivement pour la vérité un certain temps, cèdent à la tentation et déshonorent celui qui leur a confié cette oeuvre, cela prouverait-il que le message n'est pas la vérité ?... Le péché chez le messager de Dieu permettrait à Satan de se réjouir et ceux qui ont rejeté le messager et le message triompheraient, mais cela ne disculperait pas du tout les hommes coupables d'avoir rejeté le message de la vérité venu de Dieu. [17]

« Il est tout à fait possible que les pasteurs Jones et Waggoner puissent être renversés par les tentations de l'ennemi, mais s'ils l'étaient, ceci ne prouverait pas qu'ils n'avaient pas eu de message de Dieu; ni que l'oeuvre qu'ils avaient accomplie était une erreur. [18]

Malheureusement, ces appréhensions se révélèrent prophétiques. Mais en 1888 et plusieurs années après, Jones et Waggoner accomplirent certainement l'oeuvre de Dieu en prêchant la justice par la foi, espérant que toute l'Église l'accepterait comme une expérience vivante.

Références:

1. E.G. White Ms 5, 1889
2. Ibid, Olson, p. 53
3. E.G. White, Testimonies, vol. 2, p. 593
4. Idem, vol. 5, p.49, 165
5. Messages choisis, vol. 1, p. 412
6. Idem, p. 353
7. E. White. dans la Review and Herald, 20 mai
8. Olson, Thirteen Crisis Years, p. 303, 304
9. E.G. White, Ms 5, 1889
10. E.G. White, Review and Herald, 5 mars 1889
11. Idem. 3 sept. 1889
12. Idem. 22 nov. 1892
13. E.G. White, Lettre 24 1892
14. E.G. White, Testimonies to Ministers, p. 79
15. Idem, p. 91-93 également dans l'ouvr. Olson, p. 39,40
16. Idem, p. 95
17. E.G. White, Lettre 19 d, 1892
18. E.G. White, Lettre 24, 1892, ouvrage Olson p. 119

Chapitre 5—Qu'arriva-t-il à la session de la Conférence générale de 1888 ?

La Conférence générale de 1888 est la seule, pour notre Église, qui se soit tenue à Minneapolis, Minnesota. La plupart des autres sessions de la Conférence générale, quand elles se tenaient une seule fois dans une ville, étaient aussitôt oubliées. Pourquoi alors la session de Minneapolis devint-elle presque une « affaire de famille » [1] pour beaucoup d'adventistes du 7e jour ? Que s'est-il réellement passé à la session de Minneapolis pour la rendre si remarquable ?

À la fin de l'Assemblée pastorale où Jones parla sur Daniel, la plupart des délégués avaient pris position sur la représentation des Huns ou des Alamans par l'une des dix cornes. Les délégués se disaient « Huns » ou « Alamans » selon qu'ils se plaçaient du côté d'Uriah Smith et de la position historique adventiste ou du côté de Jones qui avait raisonné d'une façon convaincante avec des arguments et des preuves que personne ne peut contester. Mais il terrifia beaucoup de gens par son impolitesse en attribuant une ignorance au révéré Uriah Smith quand ce dernier, avec modestie, admit qu'il avait simplement suivi d'autres interprètes bibliques pour identifier les dix cornes. À ce moment-là, Ellen White n'avait pas encore pris parti concernant les dix cornes dans Daniel 7, ni la loi dans les Galates. Pourtant elle reprocha bien à Jones sa remarque discourtoise.

Comme il avait été prévu, la Conférence générale avait été précédée par un Institut pour les pasteurs; la réunion commença le 10 octobre. C'était le plan des frères dirigeants de la Conférence générale que durant ces deux assemblées, les deux sujets qui avaient été amorcés sur la Côte Ouest par Jones et Waggoner :

1. Les cornes de Daniel 7 et
2. Christ notre Justice, en rapport avec la loi dans les Galates seraient étudiés et bien établis.

Sur la question des Huns et des Alamans, l'historien adventiste bien connu, A.W. Spalding écrivit : « Discuter cette question insignifiante en présence des sujets formidables de l'expiation et de la loi de Dieu, c'était concentrer plusieurs corps d'armée pour prendre une cabane, quand le sort de la bataille tremblait sur le terrain. Pour Uriah Smith la possession de la cabane semblait importante; c'était sa cabane. S'il se repliait sur ce point, il pourrait être mis en déroute partout. » [2]

Le désaccord sur les cornes fut le prélude à la discussion sur la doctrine de Christ notre Justice. Ceci fut la réelle pomme de discorde durant la Conférence. Et ce sujet implique la « loi dans les Galates ». Waggoner applique les textes concernant la loi, tel Que « notre pédagogue » (Gal. 3:24) à la loi morale. Cette interprétation constitue une rupture avec l'exégèse adventiste traditionnelle et Butler, Smith et d'autres dirigeants reconnus y ont résisté.

Ce court chapitre n'essaiera pas de dénicher les attitudes et réactions de tous les participants à la Conférence envers le message de 1888. Il se bornera plutôt à des déclarations d'Ellen White concernant les réactions des délégués durant la Conférence.

Voici d'abord quelques aperçus de certains événements. Ils expliquent les références à quelques dirigeants dans les comptes rendus. Ainsi, quand les pasteurs âgés sont devenus de plus en plus réticents concernant l'étude de Waggoner, R.M. Kilgore, administrateur dans le Sud et membre du Comité de la Conférence générale, proposa que les études de Waggoner sur la justice par la foi cessent jusqu'à ce que le pasteur Butler, qui était malade, puisse être présent. Ellen White qui était assise sur l'estrade à cette réunion, se leva immédiatement et s'opposa en disant : « Le Seigneur veut-il que son oeuvre attende le pasteur Butler ? Le Seigneur veut que son oeuvre avance et n'attende pas quiconque » [3] Comme personne ne répondit rien aux remarques d'Ellen White, les présentations de Waggoner continuèrent.

Un autre épisode était la réponse de J.H. Morrison à Waggoner. Les opposants à Waggoner avaient choisi Morrison pour donner la réponse formelle à Waggoner. Morrison, président de la Conférence de l'Iowa, maintenait que les Adventistes avaient toujours cru à la justification par la foi et l'avaient enseignée. Ceci, naturellement, était théoriquement correct, mais il ne réussit pas à reconnaître que cette doctrine capitale qui, bien comprise produisait le résultat d'une vie personnelle en Christ, avait été obscurcie par une insistance sur la loi, projetant son ombre sur le reste. Quoique sincère et ardent dans son discours, il ne réussit pas à convaincre beaucoup de ses auditeurs que l'enseignement de Waggoner n'était pas la vérité présente, selon la Parole de Dieu.

La réponse de Jones et Waggoner à la présentation de Morrison était simple et sans prétention. Ils choisirent de ne pas faire de commentaire personnel et de limiter leur réponse à la lecture de 16 textes bibliques. Un silence surpris régna dans l'auditoire, tandis que, les deux étant debout, lisaient alternativement les passages. Après avoir lu, ils regagnèrent leurs sièges. La prière fut prononcée et la réunion se termina.

Ce rejet commun des paroles de Morrison fit sur les délégués une impression profonde et inoubliable.

Durant l'Institut pour les pasteurs et la Conférence, Ellen White pana près de 20 fois. Dans son premier exposé à la Conférence, le matin du 18 octobre, à la Conférence générale, elle insista indirectement sur le besoin d'une expérience vivante de justice par la foi en attirant l'attention de ses auditeurs sur les paroles de Jésus : « Sans moi, vous ne pouvez rien faire. » (Jean 15:5). Elle dit : « Une vérité grande et solennelle nous est confiée pour ces derniers jours, mais acquiescer et croire simplement à cette vérité ne nous sauvera pas. Il faut tisser les principes de la vérité dans la formation de notre caractère et de notre vie. [4] Dans ce but, elle montra le grand besoin actuel de nous humilier devant Dieu afin que le Saint-Esprit puisse venir sur nous. » E.G. White dit que beaucoup n'avaient qu'une connaissance superficielle de la vérité et avaient besoin de sonder la Bible par eux-mêmes pour voir si leurs idées correspondaient à la Parole. [5] Dans son sermon adressé aux pasteurs le 21 octobre, elle déplora les « paroles et les pensées méchantes » qui avaient eu cours à cette Conférence. Elle continua : « J'ai été peinée d'apprendre tant de bouffonnerie et de plaisanterie chez les anciens et les jeunes assis à table aux repas. » Elle appela les jeunes hommes qui entraient dans le ministère à faire attention à la façon dont ils écoutaient et à être attentifs à la manière dont ils s'opposaient aux vérités précieuses (le message de la justice par la foi) « que maintenant vous connaissez si peu » [6].

Exactement une semaine après le début à la conférence, le 24 octobre, dans une réunion avec les pasteurs, Ellen White exprima son chagrin car « la Conférence tirait à sa fin et aucune confession n'avait eu lieu, ni une seule pause pour permettre au Saint-Esprit d'agir. » Elle continua : « À quoi sert notre assemblée ici et à quoi sert-il à nos frères de venir s'ils sont ici simplement pour écarter le Saint-Esprit loin du peuple ? Nous espérions bien qu'il y aurait ici une recherche du Seigneur. Peut-être pensez-vous que vous avez tout ce dont vous avez besoin. Si les pasteurs ne veulent pas recevoir 1a lumière, je désire donner une occasion au peuple; peut-être la recevra-t-il ? » [7] Ellen White s'est référée à la proposition de frère Kilgore d'arrêter l'exposé de Waggoner jusqu'à ce que le pasteur Butler puisse être présent. Elle dit : « Ici sont présents les pasteurs Smith et Van Horn qui se sont occupés de la vérité depuis des années et cependant, nous ne devons pas poursuivre ce sujet parce que le pasteur Butler n'est pas ici. Pasteur Kilgore, j'ai été peinée plus que je ne puis le dire quand je vous ai entendu faire cette observation parce que j'ai perdu confiance en vous. Nous voudrions parvenir exactement à ce que Dieu dit, écartant ces terribles sentiments. Allons au Seigneur pour avoir la vérité au lieu de montrer un esprit combatif. » Elle exprima aussi l'espoir que J.H. Morrison qui avait présenté la réponse formelle aux présentations de Waggoner se « convertirait et s'occuperait de la Parole de Dieu avec douceur et avec l'Esprit de Dieu ».

Ellen White constata avec un profond regret que l'Esprit de Dieu n'était pas dans leur réunion. Plus tard, elle reconnut, pleine de tristesse que les frères pasteurs étaient venus à cette Conférence avec un esprit qui n'était pas celui de Dieu. [8]

L'absence de l'Esprit a rendu la vérité inefficace. Elle spécifia que de précieuses âmes qui auraient reçu la vérité ont été écartées à cause de la façon dont celle-ci avait été traitée, parce que Jésus n'y était pas présent. « C'est pour cela que j'ai constamment plaidé avec vous durant ce temps -- nous avons besoin de Jésus. Quelle est la raison pour laquelle l'Esprit de Dieu ne descend pas dans nos réunions ? » [9]

Avant la fin de la Conférence, elle fit une déclaration franche aux frères assemblés à la Conférence générale. Elle supplia pour que l'on étudie plus à fond la Parole. Elle commença en les conjurant d'exercer un esprit chrétien, de ne pas succomber à de forts sentiments de préjugés, mais à se préparer à examiner en détail les Écritures avec un esprit impartial, avec révérence et franchise. Les sentiments personnels ne doivent pas être admis pour influencer notre jugement, dit-elle. « Comme chrétiens, vous n'avez pas le droit de faire preuve de sentiments d'inimitié, de méchanceté et de préjugés envers le Dr Waggoner qui avait présenté ses vues d'une façon claire et franche, comme un chrétien doit le faire. » [10]

Vers la fin de son discours, elle dit : « Ceux qui n'ont pas eu l'habitude de penser et d'examiner par eux-mêmes croient certaines doctrines parce que leurs associés dans l'oeuvre les croient. Ils résistent à la vérité sans aller aux Écritures par eux-mêmes pour apprendre ce qu'est la vérité. Parce que ceux en qui ils ont confiance s'opposent à la lumière, ils s'y opposent sans savoir qu'ils rejettent le conseil de Dieu et cela se dresse contre eux. Il n'est pas sage pour l'un de ces hommes jeunes de s'engager à l'égard d'une décision à cette réunion, où l'opposition, plutôt que l'esprit de recherche, fut à l'ordre du jour. La Bible doit être votre étude; alors vous saurez que vous possédez la vérité. Ouvrez votre coeur afin que Dieu puisse écrire la vérité sur ses tablettes.

Elle termina en constatant à nouveau l'opposition à l'Esprit qui avait régné à la Conférence. « Quand l'Esprit de Dieu intervient, l'amour remplace la discorde parce que Jésus est amour. Si son Esprit était chéri ici, notre assemblée serait comme un courant d'eau dans le désert. » [11]

Avec un chagrin profond, Ellen White perçut que l'Esprit n'eut pas la permission d'être le Conducteur invisible de cette Conférence. Son autorité aurait fait disparaître la discorde et tout rempli par l'amour divin. Toujours ensuite, elle se rappela cette Conférence avec chagrin. Elle a écrit : « J'ai été instruite que la terrible expérience à la Conférence de Minneapolis est l'un des plus tristes chapitres de l'histoire des croyants en la Vérité Présente [12].

Références:

1. Schwartz, Light Bearers to Remnant, p. 187, 188
2. Spalding, vol. 2, p. 292
3. L.E. Froom, Movement of Destiny, p. 246 et E.G.White, Manuscript 9, 1888 in Olson, Thirteen Crisis Years, p. 302
4. Idem, p. 246, 247
5. Voir dans ouvr. Olson. D. 263-266
6. Idem, p. 284, 286, 290
7. Idem, p. 300, 301
8. Idem, p. 302, 303
9. Idem
10. Idem, p. 303
11. Idem, p. 310, 311
12. Cité dans Olson, p. 43

Chapitre 6— Le Saint-Esprit traité honteusement

Les opposants au message de 1888 à Minneapolis se rallièrent sous la direction du Président de la Conférence générale, le pasteur Butler. Bien qu'alité et malade, il contrôlait encore effectivement le Comité de la Conférence générale et conduisait la majorité des pasteurs à la Conférence. Cinq ans plus tard, dans un article de la Review and Herald, intitulé « Personnel ». Butler confessa son opposition au message de la justification par la foi exposé par Jones et Waggoner. Il déclara : « Mais pour diverses raisons qu'il est inutile de dire ici, mes sympathies n'étaient pas pour ceux qui allaient de l'avant pour apporter ce que maintenant je considère comme la lumière devant notre peuple. » [1]

Dans l'un de ses cultes à la Conférence, Ellen White dit : « Je ne fus jamais plus alarmée qu'à ce moment-là. » Elle se référait à l'opposition du pasteur Butler au message de la justification par la foi et à la proposition de frère Kilgore qu'à cause de l'absence du pasteur Butler, la « loi dans les Galates » ne devait pas être discutée. [2] Dans ce chapitre, on verra son estimation en considérant rétrospectivement cette Conférence. Au jour de sa clôture, elle confia dans une lettre à sa belle-fille Mary que nous (Willy le mari de Mary et elle) avons connu la lutte la plus dure et la plus incompréhensible que nous ayons jamais connue dans notre peuple. « Elle et Willy » devaient veiller à tout instant de peur qu'il y ait des motions faites et des résolutions votées qui se révéleraient nuisibles pour l'oeuvre future. Elle continuait : « L'esprit d'un homme malade a eu une puissance de contrôle sur le Comité de la Conférence générale et les pasteurs ont été l'ombre et l'écho du pasteur Butler, presqu'à la limite du supportable et du bien de la cause. L'envie, les suppositions méchantes ont agi comme un levain jusqu'à ce que toute la pâte semble levée...

« Le pasteur Butler, nous le pensons, a été en fonction trois ans de trop et actuellement, il a perdu toute humilité et modestie d'esprit. Il pense que sa position lui donne un tel pouvoir que sa voix est infaillible. Pour extraire cette pensée de l'esprit de nos frères, cela a été une affaire difficile. Son cas ne sera pas facile à traiter mais nous nous fions à Dieu... Je remercie Dieu de la force et de la liberté et de la puissance de son Esprit pour apporter mon témoignage, bien que celui-ci ait fait sur beaucoup d'esprits une impression moindre qu'à toute époque antérieure de ma vie. Satan a paru avoir le pouvoir de gêner mon oeuvre à un point étonnant, mais je tremble en pensant à ce qui serait arrivé dans cette session si nous n'y avions pas été. » [3] Ceci a été sa première et immédiate réaction à la Conférence et à ses débats.

Au début de l'année 1889, elle vit les membres de « Battle Creek Tabernacle » et leur fit un rapport de ce qui s'était passé à Minneapolis. À ce sujet, elle a écrit : « Je leur dis quelle a été ma position difficile, étant pour ainsi dire seule et contrainte de réprouver le mauvais esprit qui avait la puissance de contrôle à cette session.

« La suspicion et la jalousie, les suppositions méchantes, la résistance à l'Esprit de Dieu qui les séduisait. Je déclarais que la voie suivie à Minneapolis était la cruauté envers l'Esprit de Dieu. » [4]

En mai 1890, elle se référa à l'opposition continue au message de 1888, d'abord manifestée à Minneapolis. Elle nota : « Christ enregistra tous les discours orgueilleux, durs et moqueurs contre les serviteurs, tout comme contre lui-même. » [5]

Dans une lettre de 1892, elle nota son découragement à cause de l'attitude de Coré, Dathan et Abiram qui a prévalu à Minneapolis et son intention de quitter la Conférence. Elle écrivit :

« Quand j'eus le dessein de quitter Minneapolis, l'ange du Seigneur se tint à mon côté et dit : « Non pas, Dieu a une oeuvre pour toi à accomplir ici. Le peuple répéta la rébellion de Coré, Dathan et Abiram; je t'ai placée dans la situation convenable que ceux qui ne sont pas dans la lumière ne reconnaîtront pas. Ils ne seront pas attentifs à ton témoignage, mais je serai avec toi. Ma grâce et ma puissance te soutiendront. Ce n'est pas toi qu'ils rejettent mais les messagers et le message que j'ai envoyés à mon peuple. Ils ont montré leur dédain pour la Parole du Seigneur. Satan a aveuglé leurs yeux et perverti leur jugement et à moins que toute âme ne se repente de ce péché qui est cette indépendance non sanctifiée qui insulte l'Esprit de Dieu, ils marcheront dans les ténèbres. J'enlèverai le chandelier de sa place, sauf s'ils se repentent et se convertissent afin que je les guérisse. Ils ont obscurci leur vision spirituelle. Ils ne voulurent pas que Dieu manifeste son Esprit et sa puissance car ils ont un esprit de moquerie et de dégoût de ma Parole. On pratique chaque jour la légèreté, la raillerie, la plaisanterie et la frivolité. Ils n'ont pas mis leur coeur à me rechercher. Ils avancent aux lueurs des étincelles allumées par eux et à moins de se repentir, ils se coucheront dans l'affliction.

» Jamais auparavant, je n'ai vu dans notre peuple une si forte propre satisfaction et une telle absence de disposition à accepter et reconnaître la lumière telle qu'elle se manifesta à Minneapolis. Il me fut révélé que personne dans ce groupe qui a fait preuve de cet esprit ne recevrait à nouveau une lumière claire pour discerner la précieuse vérité venue à eux du ciel, jusqu'à ce qu'ils humilient leur orgueil et confessent qu'ils n'ont pas été incités par l'Esprit de Dieu, mais que leurs esprits et leurs coeurs étaient remplis de préjugés. Le Seigneur a désiré venir tout près d'eux pour les bénir et les guérir de leurs apostasies, mais ils ne voulurent pas écouter. Ils étaient habités par le même esprit que Coré, Dathan et Abiram. » [6]

Il fut difficile pour Ellen White d'effacer le souvenir déplaisant de la session de la Conférence générale. Elle a écrit aussi à Uriah Smith en 1892 dans le même esprit :

« Je ne pourrai jamais oublier l'expérience que nous avons faite à Minneapolis, où l'esprit qui contrôla les hommes, les mots prononcés, les actes accomplis obéissaient aux puissances du mal.

» Certains se sont confessés... d'autres ne l'ont pas fait... ils furent animés à cette réunion par un autre esprit et ne savaient pas que Dieu avait envoyé ces hommes jeunes, Jones et Waggoner pour leur apporter un message spécial et ils les ont ridiculisés et méprisés, ne réalisant pas que les intelligences célestes les regardaient et enregistraient leurs paroles dans les livres du ciel... Je sais qu'à ce moment-là, le Saint-Esprit a été insulté. » [7] Dans un message venant d'Australie, lu à la session de la Conférence générale en 1893, Ellen White dit, faisant référence à la Conférence de Minneapolis :

« L'influence qui émana de la résistance à la lumière et à la vérité à Minneapolis tendit à rendre sans effet la lumière que Dieu avait donnée à son peuple par les Témoignages...

» L'oeuvre des opposants à la vérité a avancé constamment, tandis que nous avons été obligés de consacrer nos énergies dans une grande mesure à contrer le travail de l'ennemi accompli par ceux qui étaient parmi nous. » [8] Trois ans après, Ellen White fit cette déclaration alarmante concernant la session de la Conférence générale de Minneapolis : « L'ennemi agit de telle manière que les choses aillent selon ses voies à la Conférence de Minneapolis. Tous ceux qui étaient présents à cette réunion avaient une occasion de se placer du côté de la vérité en recevant le Saint-Esprit que Dieu envoya tel un riche courant d'amour et de miséricorde... Les spectacles qui eurent lieu à cette réunion ont rempli le Dieu du ciel de la honte de voir appeler « frères » ceux qui y prirent part. Le céleste observateur constata tout ceci et l'écrivit dans le livre du souvenir de Dieu. [9]

Au sujet de ceux qui ont refusé de recevoir le Saint-Esprit mais ont entretenu des sentiments non sanctifiés à la Conférence générale de Minneapolis, Ellen White dit : « Le même esprit qui motiva ceux qui rejetèrent Christ reste dans leur coeur et s'ils avaient vécu aux jours de Christ, ils auraient agi envers lui d'une façon similaire à celle dont les Juifs incroyants et méchants le traitèrent. [10] Ailleurs, Ellen White exprime le même sentiment en ces mots : « Tout l'univers du ciel fut témoin du traitement disgracieux dont Jésus-Christ, représenté par le Saint-Esprit fut l'objet. Si Christ avait été devant eux, ils l'auraient traité d'une manière similaire à celle dont les Juifs traitèrent Christ. » [11]

En 1897, Ellen White a écrit à ce sujet : « La Divinité, blessée et insultée, parlera, proclamant les péchés qui ont été cachés. Comme les prêtres et les chefs pleins d'indignation et de terreur ont cherché leur refuge dans la fuite, à la dernière scène de la purification du Temple, il en sera de même dans l'oeuvre pour ces derniers jours. [12]

L'appréciation de la Conférence par Ellen White ne devint pas plus favorable au fil des ans. Et même, elle devint plus cinglante quand elle signala l'état de rébellion contre Dieu. Dans le passé, elle considérait cette assemblée comme une défaite pour Dieu, dans une grande mesure, et pour la marche en avant de la vérité. L'ensemble de ces déclarations angoissées d'Ellen White disent que l'on résista au Saint-Esprit, mais aussi qu'on le traita avec une cruauté qui se manifesta par des paroles dures, orgueilleuses et des ricanements à l'égard des messagers spéciaux, Jones et Waggoner. Les orateurs ne réalisèrent pas que leurs paroles dures étaient lancées à Christ lui-même.

Quand les assistants méprisèrent les messagers de Dieu, ils insultèrent l'Esprit de Dieu. Satan aveugla leurs yeux et ils furent poussés par lui comme Coré, Dathan et Abiram, en rébellion contre Moïse. Mus par un esprit mauvais et parlant sous son influence, ils ont insulté le Saint-Esprit. Tout ceci fut enregistré par les intelligences célestes.

Le ciel avait honte d'appeler les résistants au message de 1888 ses enfants... Quelques-uns de ceux-ci étaient des dirigeants comme Butler et Smith qui avaient usurpé la place de Dieu dans la pensée de la majorité des pasteurs. Sous leur direction, la majorité des délégués à la Conférence allèrent si loin dans leur opposition que si Jésus avait été présent, ils l'auraient traité comme les Juifs le traitèrent et l'auraient crucifié. Dans le livre du ciel, les opposants au message de 1888 à Minneapolis sont inscrits comme meurtriers de Jésus puisque « les livres du ciel consignent les péchés qui auraient été commis s'il y en avait eu l'occasion » [13]. Un aveuglement spirituel alarmant existait à la Conférence. Ellen White a écrit : « Il y a eu, je le savais, une cécité remarquable des esprits de beaucoup de délégués, de telle façon qu'ils n'ont pas discerné où était l'Esprit de Dieu et ce qui constituait la véritable expérience chrétienne. Considérer qu'ils étaient ceux qui étaient les gardiens du troupeau de Dieu était douloureux...

« Nos frères qui ont occupé des positions de dirigeants dans l'oeuvre et dans la cause de Dieu auraient dû être si étroitement reliés à la source de toute lumière qu'ils ne pourraient pas appeler l'obscurité : Lumière et la lumière : obscurité. » [14] Cette condition alarmante n'a pas prévalu parce que le Saint-Esprit s'était retiré de l'assemblée de Minneapolis. Le Saint-Esprit a été présent avec puissance, essayant de tourner le flot. En 1895 Ellen White écrivit : « Maintes fois, le Saint-Esprit vint dans la réunion avec puissance pour convaincre, malgré l'incrédulité manifestée par certaines personnes présentes. » [15] « Mais il fut traité comme un hôte importun. Les participants ont refusé de le reconnaître et de l'accepter quand ils rejetèrent le message de la justification par la foi, en l'accusant, avec ses partisans, de fanatisme. » [16]

Quatorze ans après la Conférence de Minneapolis, le caractère terrible de cette expérience demeurait encore dans la mémoire d'Ellen White. Elle se la rappelait comme une « terrible expérience... un des plus tristes chapitres de l'histoire des croyants à la Vérité présente » [17]. Elle nota que « Satan faisait beaucoup évoluer les choses dans son sens à la session de Minneapolis, en prenant avantage de la nature humaine. » [18] Sa prière était: « Que Dieu ne permette pas que quelque chose d'identique à ce qui se passa à Minneapolis se produise de nouveau à jamais. » [19]

Références :

1. Écrit le 13 juin 1893. rapporté dans l'ouvrage cité d'Olson, p.92
2. Idem, p. 300, 302
3. E.G. White, Letter 82, 1888
4. E.G. White, Manuscrit 30, 1889
5. E.G. White, Review and Herald, 27 mai 1890
6. E.G. White, Letter 2 a, 1892
7. E.G. White, Letter 24, 1892
8. Bulletin de la Conférence générale, 1883, p. 1; ouvr. Olson, p. 85, 86
9. E.G. White à O.A. Olson, 31 mai 1895, dans « Special Instruction relating to the Review and Herald Office and work at Battle Creek. »
10. Idem
11. E.G. White aux « Frères occupant des positions de responsabilité dans l'oeuvre », 16 janvier 1896; E.G. White, Special Testimonies, série A, no. 6, p. 20
12. Special Testimonies, série A, no. 7, p. 54, 55
13. The S.D.A. Bible Commentary, E.G.W. Comments, vol. 5, p. 10385
14. E.G. White, Ms. 24, 1888
15. E.G. White, Letter 51 a 1895; ouvr. Olson, p. 44
16. Testimonies to Ministers, p. 96, 97
17. E.G. White, Letter 179, 1902. ouvr. Olson, p. 43
18. E.G. White, Letter 14, 1889
19. Ibidem.

Chapitre 7— Pourquoi cette trahison et cette crucifixion de Jésus?

Cela fait chanceler « imagination de penser que les délégués à une session de la Conférence générale des adventistes du 7e jour puissent traiter le Saint-Esprit honteusement, l'insulter et le blesser et même, au figuré, crucifier Jésus en la personne du Saint Esprit. Comment est-ce possible ?

Comme les délégués n'avaient pas sondé la parole par eux-mêmes, comme Ellen White le leur avait demandé dans un appel adressé au coeur et qu'ils n'avaient pas été transformés par le message de salut de la Bible, sous l'influence formatrice du Saint-Esprit, leur intransigeance est tout à fait compréhensible. Sans une connaissance personnelle des problèmes, la façon de faire naturelle était de suivre les dirigeants. Tout d'abord, il y avait G. Butler et U. Smith, soutenus par Morrison et d'autres. Ellen White a écrit que la position de frère Butler, communiquée aux délégués par des « télégrammes et de longues lettres », depuis son lit de malade à Battle-Creek était de s'en tenir aux « anciennes bornes ». Tout comme si Dieu n'était pas présent à cette Conférence et ne tenait pas sa main sur son oeuvre l'écrivit-elle [1].

Au mieux, le changement est d'habitude difficile et pénible et parfois dangereux. Le blâme est supporté plus volontiers si le quelque chose va mal dans le processus de changement que si le désastre frappe alors qu'on suit les anciens sentiers familiers. Faute d'autre chose, l'inertie humaine suggère que l'on reste dans l'ancienne position familière. Fr. Butler et ses partisans agissaient en sécurité en se tenant aux anciennes bornes. Mais la volonté de Dieu était d'avancer.

« Une absence de bonne volonté pour abandonner les opinions préconçues et d'accepter cette vérité (de Christ notre Justice sans la relier à la Loi dans les Galates) était à la base d'une grande part de l'opposition au message de Dieu annoncé par les frères Waggoner et Jones. En excitant cette opposition. Satan réussit à éloigner de notre peuple, dans une grande mesure, la puissance spéciale du Saint-Esprit que Dieu désirait ardemment leur communiquer... L'ennemi les empêcha d'obtenir l'efficacité qui aurait pu être la leur, pour apporter la vérité au monde, comme les apôtres l'ont proclamée après la Pentecôte. La lumière qui doit éclairer toute la terre de sa gloire a été arrêtée et par l'action de nos propres frères, a été, dans une grande mesure, tenue loin du monde. » [2] Uriah Smith était le « lieutenant à penser » efficace de frère Butler à la Conférence de Minneapolis. Il était l'un des hommes les mieux éduqués de la dénomination, rédacteur en chef respecté et professeur apprécié. Beaucoup de pasteurs avaient été ses étudiants au Collège de Battle Creek où il avait été professeur de Bible et avait occupé la chaire d'exégèse de 1875 à 1882. Sa fonction avait attiré des étudiants au nouveau collège. Vers 1885, plus de trente de ses anciens étudiants se trouvaient dans le ministère adventiste. Beaucoup d'autres avaient assisté à ses Conférences sur la Bible. À la requête du Comité de la Conférence générale, en 1873, il avait fait ses conférences dans divers états pour former des ouvriers. Durant des décennies, des pasteurs et des laïcs avaient été très influencés par sa pensée [3]. Sans convictions personnelles, il était naturel pour la majorité des pasteurs de suivre leurs dirigeants révérés. Pourquoi monteraient-ils dans le wagon d'orchestre de deux jeunes pasteurs de la Côte Ouest qui n'avaient même pas un dossier de service dans l'Église, tandis que Butler, Smith, Morrison et d'autres étaient des dirigeants depuis longtemps ?

D'ailleurs, le malaise avec Jones et Waggoner était déjà apparu durant l'assemblée pastorale. D'abord, la différence même des personnalités entre Jones et Waggoner et les dirigeants créa le conflit. Jones et Waggoner n'étaient que des jeunes à côté des dirigeants bien connus. Butler avait 54 ans et Uriah Smith, secrétaire de la Conférence générale en avait 56. A R. Henry, trésorier, et R.M. Kilgore, membres du Comité de la Conférence générale, en avaient 49. En outre, Jones et Waggoner étaient différents, par le physique et l'éducation, par rapport au pasteur adventiste moyen du moment. Jones, le militaire converti à l'adventisme, était grand et anguleux, avec des manières plutôt frustes et gauches. Néanmoins, c'était l'orateur le plus efficace et il avait un esprit descriptif. Waggoner était petit, trapu et assez timide. Produit des écoles, son esprit était rempli de connaissances et d'érudition. Il partageait cela avec son auditoire d'une manière agréable. Ensemble, les deux pasteurs formaient un duo dynamique pour faire avancer leur conviction de chrétiens.

Beaucoup de délégués devinrent complices du péché de rejet du message de la justice par la foi, en agissant selon les lois de la dynamique de groupe. Puisque beaucoup de leurs dirigeants respectés et aimés rejetaient le message à Minneapolis, ils les ont suivi en le rejetant. Dans un autre contexte, Ellen White a parlé de cela ainsi : « L'influence d'un esprit sur l'autre, une si forte puissance en faveur du bien quand elle est sanctifiée, est également forte en faveur du mal entre les mains de ceux qui résistent à Dieu... L'homme devient un tentateur pour son semblable. Les forts sentiments corrupteurs de Satan sont privilégiés et ils exercent un pouvoir contraignant magistral. » [4]

Ellen White mit en garde contre cela même en parlant aux ouvriers à la Conférence le 1er novembre : « Il y a le danger positif que certains qui disent croire à la vérité ne se trouvent dans une position similaire à celle des Juifs. Ils adoptent les idées des hommes avec lesquels ils sont associés. » [5] Revenant sur la Conférence de Minneapolis, elle a écrit à S.N. Haskell en 1894 : « Ceux que Dieu a choisis pour faire une oeuvre spéciale ont été mis en péril, car le peuple a regardé aux hommes, au lieu de regarder à Dieu. Quand le pasteur Butler fut Président de la Conférence générale, des pasteurs le placèrent, avec le pasteur Smith et quelques autres, là où Dieu seul doit être. » [6] Bien qu'il soit impossible d'excuser les « gardiens de l'Église », comme elle les appelle, de suivre les dirigeants humains, plutôt que la direction du Saint-Esprit, leur faute est certainement compréhensible.

Dans l'Église apostolique, Paul fut un penseur chrétien courageux extraordinairement bien informé. Il osa tenir seul, fermement, pour la vérité. Il manifesta ce trait d'indépendance hardie quand, après l'expérience de la route de Damas, il rompit avec tous ses amis pharisiens et devint disciple de l'humble Nazaréen. Mais à sa dernière visite à l'Église de Jérusalem, quand ils conseillèrent à Paul de rejoindre quatre Nazaréens, en observant les rites mosaïques, Paul obéit à leur requête et le fit (Actes 21: 23-26).

Quoique résolu, Paul fut influencé par ce que nous appellerions aujourd'hui « la pensée de groupe ». Mais en tentant de plaire à ses amis et frères dans le ministère, il alla trop loin. Ellen White commente ainsi l'obéissance de Paul aux dirigeants : « L'Esprit de Dieu ne suggéra pas cette instruction; elle fut le fruit de la lâcheté. » Paul « ne fut pas autorisé par Dieu de concéder autant qu'ils demandaient ». Mais « il fut contraint de dévier de la voie ferme et décidée qu'il avait suivie jusque là », animé par son « grand désir d'être harmonie avec ses frères » et par sa « révérence pour les apôtres qui avaient été avec Christ et pour Jacques, frère du Seigneur » [7]. Pierre, un autre pilier parmi les apôtres, était tombé dans le même piège pour plaire aux Juifs; pères dans la foi, à Antioche en Syrie. (Voir Gal. 2:9-14) C'est une ironie que Paul, qui réprimanda Pierre si sévèrement pour sa défaillance à Antioche, tomba plus tard lui-même dans le même piège. À la lumière même de ces échecs de Pierre et de Paul, il est facile de comprendre comment la majorité des délégués à la Conférence de Minneapolis ont suivi leurs dirigeants en rejetant le message en 1888. En effet, l'avertissement de Paul s'applique à nous tous : « Que celui qui croit être debout prenne garde de tomber. » (1 Cor. 10:12)

Ce n'est pas une pensée plaisante, mais pourtant, il est vrai qu'à la Conférence de Minneapolis, les dirigeants de l'Église adventiste du 7e jour ont répété l'expérience des chefs Juifs du temps de Jésus. Durant le ministère de Christ sur terre, le peuple Juif fut d'une façon prépondérante favorable au Messie. Ce furent les Chefs qui, plus tard, le poussèrent à exiger la crucifixion. A Minneapolis, (1888) ce furent les frères dirigeants qui menèrent l'opposition contre le message de la justice par la foi. Ils rassemblèrent la majorité des pasteurs autour d'eux et au moyen de ces hommes, influencèrent beaucoup de laïcs. Le plan de Dieu a toujours été de guider son peuple par des dirigeants. Il parla à Moïse qui transmit la volonté de Dieu au peuple. Plus tard, les prophètes furent ses porte-paroles spéciaux. Quand Paul fut appelé à être son ambassadeur auprès des Gentils, l'Esprit ordonna à Ananias, le représentant de l'Église, de lui donner sa mission divine et de dire à Paul ce qu'il fallait faire (Voir Actes 22:10-16). Dieu a vraiment une série de capitaines pour communiquer avec son peuple (Voir Apoc. 1:1). Mais le contraire est vrai aussi. Quand les dirigeants échouent, le message de Dieu au peuple parvient difficilement. « À cause de nos propres frères », la lumière fut dissimulée au peuple de Dieu en 1888 [8] écrivit Ellen White.

Mais le fait d'avoir un corps de dirigeants investi par le Seigneur n'absout pas de sa responsabilité personnelle celui qui prend parti. Nous ne devons pas suivre les dirigeants aveuglément. Chaque croyant a le privilège d'apprendre à connaître la volonté de Dieu dans sa Parole quand il est illuminé par le Saint-Esprit. La Parole fut donnée par l'Esprit (Voir 2 Pierre 1:21). Ainsi, les suggestions personnelles de l'Esprit seront toujours d'accord avec la Parole. Et le Saint-Esprit s'empresse de suggérer à tous de faire ce qui est juste.

À La Conférence, il y avait des gens qui connaissaient la Parole et les ordres de l'Esprit et les suivaient implicitement. Quand la vérité de Dieu leur fut dévoilée par les porte-paroles de Dieu ils furent illuminés par l'Esprit. Parmi ceux qui avaient la lumière se trouvait Ellen White qui soutint fermement Jones et Waggoner. Également S.N. Haskell. Ce géant de la foi, de l'humilité et de l'amour de Dieu et de ceux qui sont perdus dans le péché semble avoir été taillé dans le granit. Il n'hésita jamais dans sa fidélité constante à Dieu comme l'histoire de sa vie en témoigne il connaissait les suggestions précises de l'Esprit. Il semble n'avoir jamais dévié et il a tenu seul pour Dieu, quand les circonstances l'obligeaient. Il y en avait d'autres comme lui à la

Conférence de Minneapolis, mais ils étaient en minorité [9]. Le 14 octobre, durant la session, Ellen White a écrit à G. Butler, souffrant à Battle Creek : « L'esprit et l'influence des pasteurs en général, qui sont venus à cette réunion, tendent à rejeter la lumière. Je suis désolée que l'ennemi ait un tel pouvoir sur vos esprits, pour vous amener à adopter de telles propositions. Elles seront un piège pour vous et un obstacle pour l'oeuvre de Dieu, si Dieu n'a jamais parlé. » [10] « Si la majorité des Juifs n'avaient pas été égarés par leurs dirigeants pour exiger la crucifixion, Jésus n'aurait pas été crucifié. De même si la majorité des délégués à la Conférence de Minneapolis n'avaient pas suivi leurs dirigeants en rejetant le message de 1888, Ellen White n'aurait pas sous-entendu que Christ y fut, au figuré, à nouveau crucifié. Celle-ci présente un défi à chacun d'entre nous. Nous devons personnellement étudier et connaître la volonté de Dieu pour nous à travers sa Parole, Nous devons rester humbles, nous laisser instruire, rester sensibles aux suggestions de Dieu, Alors, il accomplira ses promesses de nous guider droitement, puisqu'il dirige les humbles dans ce qui est juste et leur enseigne sa voie. » (Voir Ps. 25:9; Ps. 12; 32:8; Ésaïe 30:21; Jacques 1:5)

Références:

1. E.G. White, Letter 7, 1888
2. E.G. White, Letter 95, 1896 Messages choisis, vol. 1, p. 275, 276
3. Durand, Yours and the blessed Hope, p. 231-236
4. The SDA B.C. E.G. White, Comments, vol. 7, p. 973
5. Olson, ouvrage cité, p. 306
6. E.G. White, Letter 27, 1894
7. E.G. White, Conquérants pacifiques, 1911 p. 404, 405
8. Messages choisis, vol. 1, p. 275-76
9. E.M. Robinson, S.N. Haskell, Man of Action (1967)
10. E.G. White, Letter 21, 1888

Chapitre 8— Péché et culpabilité Corporatifs

Dieu reconnaît-il la culpabilité collective ? Regarde-t-il des groupes comme responsables en tant que tels ? Si l'on répond oui, l'Église Adventiste du 7e jour, par l'attitude et la conduite de ses délégués à la session de la Conférence générale de 1888, a-t-elle commis le péché collectif et encouru la culpabilité collective ?

Si Dieu prend bien connaissance d'un tel péché, d'une telle culpabilité, alors l'apostasie d'Israël au Sinaï, lorsqu'il fit un veau d'or, en est vraiment un exemple. (Exode 32) Un autre cas, dans le même ordre, pourrait être le rejet de la souveraineté de Dieu et la demande d'un roi à l'époque de Samuel (1 Samuel 8). Un autre exemple encore se trouve dans l'apostasie d'Israël au temps d'Élie (1 Rois 18:1-29) et le refus de Juda, sous Sédécias, de suivre l'avis de Jérémie de se rendre aux Babyloniens en 586 av. J.C. (2 Rois 25:2; Chron. 36:11-23; Jér. 21:1-10; Cf Jér. 34). Un autre exemple de péché collectif évident peut être le rejet et la crucifixion de Jésus par la nation juive. (Mat. 27:20-25).

Dans tous ces cas, la majorité a agi contre la volonté de Dieu. Mais aussi, il y eut probablement des gens qui n'ont pas renoncé à leur fidélité à Dieu. Concernant l'idolâtrie au Sinaï, Ellen White écrivit : « Une vaste foule entoura la tente d'Aaron, demandant : Fais-nous des dieux qui marchent devant nous. » Mais elle ajouta : « Il y eut des gens qui restèrent fidèles à leur alliance avec Dieu, mais la plus grande partie du peuple s'unit dans l'apostasie. » [1] « Élie crut qu'il était le seul à tenir pour Dieu qui fui fit savoir qu'il y en avait sept mille autres en Israël qui partageaient sa loyauté envers Dieu bien qu'en silence, discrètement et inconnus de lui. » (1 Rois 19:18) Parmi ces fidèles partisans de Dieu étaient Abdias, gouverneur de la maison d'Achab et les prophètes qu'il avait protégés. (1 Rois 18:3,4,12,13).

Dans l'une des prédictions de Jésus concernant les malheurs qui adviendraient aux scribes et aux pharisiens, il leur dit : « C'est pourquoi, voici, je vous envoie des prophètes, des sages et des scribes dans les synagogues et vous les persécuterez de ville en ville, afin que sur vous puisse retomber tout lé sang des justes répandu depuis le sang de l'innocent Abel jusqu'au sang de Zacharie, fils de Barachie, que vous avez tué entre le temple et l'autel. » (Mat. 23:34-35)

Là Jésus mentionne des gens qui avaient été tués bien des siècles plus tôt. Mais il accuse ses auditeurs du péché de leurs ancêtres. Ainsi, il pourrait apparaître que Jésus reconnut la culpabilité collective. Mais la déclaration suivante montre clairement que ses auditeurs ne devinrent pas coupables du meurtre des prophètes, tant qu'ils ne répétaient pas eux-mêmes le péché de leurs ancêtres en rejetant la lumière qui leur était offerte, en s'opposant à Christ et à ses enseignements.

« Il y en avait peu parmi les Juifs qui comprenaient l'immense responsabilité qu'ils assumaient en repoussant le Christ. Depuis le moment où le premier sang a été répandu, où le juste Abel est tombé sous les coups de Caïn, la même histoire n'a cessé de se répéter avec une culpabilité croissante. Chaque génération a eu ses prophètes dont la voix s'est élevée contre les péchés des rois, des magistrats et du peuple, communiquant les messages de Dieu et se conformant à sa volonté au péril de leur vie. De siècle en siècle, un châtiment effroyable est allé en s'accumulant sur ceux qui refusent la lumière et la vérité. Les ennemis du Christ attiraient maintenant ce châtiment sur leur propre tête. Le péché des prêtres et des principaux surpassait celui de toutes les générations précédentes. En rejetant le Sauveur, ils se rendaient responsables du sang de tous les justes égorgés depuis Abel jusqu'au Christ. Ils allaient faire déborder la coupe de leurs iniquités et celles-ci retomberaient sur leur tête sous la forme d'une justice rétributive. C'est de cela que Jésus les avertit. » [2] Environ quarante ans plus tard, la chute de Jérusalem apporta une souffrance incalculable aux Juifs qui, lors de la crucifixion, n'étaient que des enfants et des jeunes. Mais la souffrance des Juifs au moment de la chute de Jérusalem arriva non à cause des péchés de leurs pères, mais à cause de leurs 'propres péchés. À ce sujet, Ellen White a écrit : « (Les enfants)... ne furent pas condamnés pour les péchés de leurs parents, mais parce que, après avoir eu connaissance des lumières confiées à ceux-ci, ils rejetèrent celle qui leur avait été communiquée. Ils avaient ainsi participé aux péchés de leurs parents et comblé la mesure de leur iniquité. » [3] Dans aucune des occasions mentionnées, quand la majorité du soi~disant peuple de Dieu participa au péché, il n'y eut de confession collective consignée d'un péché. Mais des individus comme Daniel supplièrent Dieu pour implorer le pardon personnel et national. (Daniel 9:3-19) Daniel agit ainsi, non pas en tant qu'administrateur, prêtre ou officiant dans l'office sacré dans la nation de Juda, mais en tant qu'individu.

Comme Roi, David pécha en dénombrant Israël et ainsi il permit au méchant d'affliger son peuple (2 Samuel 24). Comme individu, il se repentit et confessa son péché (vers. 10). Certains Juifs, sous la direction des prêtres et des chefs, ont décidé de crucifier Christ et certains, dans ce même peuple se repentirent et demandèrent à Dieu le pardon. On lit que plus tard « même un grand nombre de prêtres adhérèrent à la foi ». (Actes 6:7) « Au travers de l'inspiration, nous recevons l'assurance que ceux qui vivent aujourd'hui ne sont pas responsables des actes de ceux qui ont crucifié le Fils de Dieu; mais si, avec toute la lumière qui brilla en faveur de son peuple autrefois, placée devant nous, nous parcourons le même terrain, si nous chérissons le même esprit, refusant de recevoir les reproches et les avertissements, alors notre culpabilité augmentera beaucoup et la condamnation qui les frappa nous frappera aussi, mais elle sera d'autant plus forte que notre lumière est plus grande à notre époque qu'elle ne fut à la leur. » [4] Ceci est confirmé par le principe divin de fidélité de l'intendant. « À celui qui a beaucoup reçu, il sera beaucoup redemandé. » (Luc 12:48) Et de Sion, on dira : « Celui-ci et celui-là y sont nés; car le Très-Haut lui-même l'établira. Le Seigneur prend acte quand il inscrit les peuples. Celui-ci est né là. » (Ps. 87:5,6) « Les hommes et les femmes seront jugés selon la lumière que Dieu leur aura donnée. » [5] « Il y a des hommes et des femmes qui, en raison du manque d'occasion de développer leurs capacités de prendre des décisions, n'ont jamais mûri pour avoir une véritable personnalité. Sans aucun doute, il y en a eu et il y en a peut-être maintenant parmi eux qui ont grandi dans un esclavage abject. » [6] En ce qui concerne ces gens, leurs maîtres seront tenus moralement responsables, mais ceci ne peut pas être considéré comme un péché et une culpabilité collectifs.

La notion de péché et de culpabilité collectifs en résultant est étrangère aux manières d'agir de Dieu avec les hommes. Quand il créa Adam et Ève, il doua chacun de la liberté de choix moral (Gen. 2:17-18). Dieu a donné cette faculté remarquable à tout membre raisonnable de la race humaine. Le péché, avec la culpabilité qui en résulte, provient de l'exercice de la liberté de choix moral et repose sur la responsabilité personnelle devant Dieu. En matière de péché, Dieu n'agit pas avec les groupes de gens ou les comités. Il ne tient pas un comité comme responsable des actions que le comité décide. Dieu traite avec les individus. Même si un Comité ou une église, par ses représentants délégués, a pu prendre une décision erronée, en prêtant attention à la décision collective, Dieu regarde toujours et seulement les individus qui composaient ce comité comme responsables des votes qu'ils ont exprimés.

Comme il y a péché personnel, il y a aussi culpabilité personnelle. « Ainsi, les personnes s'accrochent au péché et s'identifient à lui. » [7] « Des personnes luttent contre la vérité et ses représentants. » [8] et en conséquence, « Elles périront en étant consumées par la présence de Dieu. » [9] « Tomber dans le péché est une faute personnelle » [10] et « Une personne qui couvre ses péchés ne prospérera point. » [11] « C'est une personne à qui le péché n'apparaît pas comme « extrêmement pécheur. » [12] « C'est une personne qui considère le péché comme la justice. » [13] « C'est une personne qui cherche à masquer le péché et la culpabilité. » [14]

Le péché est personnel plutôt que collectif. En conséquence, Dieu ne tient pas les groupes, mais les individus pour responsables. Si un groupe ou un comité adopte un plan contraire à la volonté de Dieu, les membres peuvent se repentir individuellement de leur abandon de la volonté de Dieu. C'est ce que firent les prêtres (Actes 6:7). Les descendants ne sont pas tenus pour responsables du péché de leurs ancêtres. La Bible dit : « L'âme qui pèche, c'est celle qui mourra. Le fils ne portera pas l'iniquité de son père, ni le père l'iniquité de son fils. La justice du juste sera sur lui et la méchanceté du méchant sera sur lui. » (Ézéch. 18:20; voir Ézéch. 4:4) « Les enfants ne sont pas punis pour la culpabilité des parents, sauf s'ils participent à leurs péchés. » [15] « De temps en temps, on a affirmé que l'Église adventiste a commis le péché collectif et encouru la culpabilité collective à la session de la Conférence générale de 1888, en rejetant le message de la justice par la foi. Bien que certains présents à cette session aient fait apparemment des efforts afin que les délégués votent à ce sujet, on ne vota jamais. » [16] Un discours d'Ellen White, vers la fin de la Conférence, étouffa effectivement tous les efforts faits pour contraindre à voter. Dans ce discours, elle mentionna que « certains » aimeraient « que l'on prenne une décision aussitôt pour savoir quel était le point de vue correct concernant la question discutée : Ceci plairait au Pasteur Butler, dit-elle, qui « conseilla que cette question soit réglée tout de suite ». Mais elle ajouta : « Je ne pouvais pas sanctionner cette ligne de conduite parce que nos frères sont entraînés par un esprit qui affecte leurs sentiments et trouble leurs impulsions, au point de diriger leur jugement. Avec autant d'excitation que celle existant maintenant, ils ne se sont pas préparés pour prendre des décisions sans risque. » [17] Elle avertit que « les messages venant de votre Président à Battle Creek sont calculés pour vous inciter à prendre des décisions hâtives et des positions catégoriques, mais je vous mets en garde contre cette conduite. Vous n'êtes pas calmes maintenant et il y en a beaucoup qui ne savent pas ce qu'ils croient. Il est périlleux de prendre des décisions sur un point controversé sans considérer calmement tous les cotés de la question. Les sentiments d'excitation conduiront à des gestes irréfléchis. Il est certain que beaucoup sont venus à cette réunion avec de fausses impressions et des opinions perverties. Ils ont des conceptions qui ne sont pas fondées sur la vérité. Même si la position que nous avons adoptée sur les deux lois est la vérité, l'Esprit de vérité ne pourra approuver des mesures qui défendent ce que beaucoup d'entre vous voudraient faire. » [18] L'Église n'a jamais rejeté officiellement la doctrine de la justice par la foi. Et même si un vote avait eu lieu dans l'assemblée et que la majorité ait voté contre le message de 1888, le péché commis n'aurait toujours pas constitué un péché collectif, mais serait un péché pour chaque personne votant contre ce message.

À Minneapolis, certains individus dédaignèrent vraiment l'appel de Dieu pour une expérience vivante de la justice par la foi, tandis que d'autres l'ont bien accueilli. Ceux qui ont rejeté ce message, et non pas l'Église, sont personnellement responsables de ce péché. De ceux qui ont rejeté les intercessions du Saint-Esprit a Minneapolis, Ellen White dit plus tard : « Le péché commis concernant ce qui eut lieu reste enregistré dans les livres du ciel, inscrit en face des noms de ceux qui résistèrent à la lumière et il y restera jusqu'à ce que la confession totale ait lieu et que les transgresseurs se tiennent dans l'humilité totale devant Dieu. » [19] "Les paroles et les actes de tous ceux qui prirent part à cette oeuvre seront inscrits à leur encontre jusqu'à ce qu'ils confessent leurs torts. » [20]

« Le Seigneur effacera les transgressions de ceux qui, depuis, se sont repentis sincèrement, mais chaque fois que le même esprit s'éveille dans l'âme, les actes commis à cette occasion sont sanctionnés et les responsables le seront devant Dieu et devront en répondre devant le trône de son jugement. » [21] « Si chaque âme ne se repent pas de son péché (à Minneapolis) cette indépendance non sanctifiée qui insulte l'Esprit de Dieu -- elle marchera dans l'obscurité... J'ôterai le chandelier de sa place, sauf si elle se repent et se convertit pour que je la guérisse. » [22] Ainsi, il est évident que quelque soit le péché commis à Minneapolis, ce ne fut pas un péché collectif, mais un péché personnel et individuel. Aux yeux de Dieu, les individus furent tenus responsables de leur péché en rejetant le message de Dieu de la justice et de la justification par la foi et en tant qu'individus, ils avaient à se repentir pour recevoir le pardon du péché et l'enlèvement de la culpabilité et pour retrouver la faveur de Dieu.

Références:

1. E.G. White, Patriarches et Prophètes, p. 322
2. E.G. White, Jésus-Christ, p. 615
3. E.G. White, La Tragédie des Siècles, p. 28-29
4. Review and Herald, 11 avril 1893
5. Testimonies to Ministers, p. 437
6. Premiers écrits, p. 276
7. Jésus-Christ, p. 11
8. Idem, p. 312
9. Pour une vie meilleure 78
10. Éducation, p. 127
11. Testimonies, vol. 2, p. 303
12. Idem, vol. 3, p. 361
13. Idem, Vol. 5, p. 143
14. Idem, vol. 4, p. 185
15. Patriarches et prophètes, p. 310
16. A.T. Jones, The Everlasting Gospel of God's Everlasting Covenant, p. 31
17. E.G. White, manuscrit 15, cité dans ouvrage Olson p. 304
18. Idem, p. 305
19. Lettre E.G. White 19 d, 1892, dans ouvr. Olson, p. 89
20. Idem, no. 24, 1892
21. E.G. White, à O.A. Olsen, 31 mai 1893 dans Special Testimonies concerning the work and the workers in the Pacific Press (Oakland, 1897) p. 131
22. E.G. White, lettre 2 a, 1892, dans ouvr. Oison, p. 44

Chapitre 9— Les séquelles de la session de la Conference générale de Minneapolis

S'adressant aux pasteurs durant la Conférence, Ellen White dit : « Si les pasteurs ne reçoivent pas la lumière, je désire donner une chance au peuple. Peut-être la recevra-t-il. » [1]

Ce plan se réalisa car Ellen White et Jones se réunirent dans une campagne sur Christ notre Justice en janvier 1889 à South Lancaster, Massachusetts. En parlant de ces réunions dans la Review, Ellen White dit : « Les gens ont accepté le message avec joie. Le témoignage général des présents fut qu'ils avaient obtenu une expérience au-delà de tout ce qu'ils avaient connu auparavant. Ils témoignèrent de leur joie, car Christ avait pardonné leurs péchés. Leur coeur était rempli de reconnaissance et de louange pour Dieu. Une douce paix était dans leur âme. » [2]

Au camp meeting du Kansas, à Ottawa en mai, Ellen White à nouveau s'est jointe à A.T. Jones et D.T. Jones, secrétaire de la Conférence générale. « L'accueil du message de 1888 ne fut pas aussi spontané là qu'il l'avait été à South Lancaster. Dans son rapport dans la Review, Ellen White nota que des agents puissants étaient à l'oeuvre pour s'opposer à ceux qui étaient envoyés avec des messages de Dieu. Elle implora la grâce de Dieu et, avant la fin de la réunion, elle remarqua avec joie que la lumière de la grâce de Dieu qui sauve était venue briller. » [3]

« Au camp meeting de Williamsport en Pensylvanie, en juin 1889, des membres tièdes au bord de l'apostasie ont repris vie quand fut donné le précieux message de la vérité présente aux participants par les frères Jones et Waggoner; le peuple vit une nouvelle beauté dans le message du troisième ange et il fut grandement encouragé. » [4]

Concernant le camp meeting de Rome -- État de New-York -- elle a écrit qu'elle éprouva une grande douleur car : « Pas un sur cent ne comprenait par lui-même la vérité biblique sur la justification par la foi, qui est nécessaire pour notre bien-être présent et éternel. Ici encore, Dieu envoya des messages spéciaux de miséricorde et d'encouragement, par ses serviteurs délégués. » [5]

Un ouvrier de l'oeuvre, S.H. Lane fit l'encourageant rapport suivant dans la Review concernant le camp meeting de l'État de New-York : « La présentation du sujet de la justification par la foi par soeur White et les frères Jones et Waggoner fit davantage pour encourager tous les assistants que tous les autres sujets. Il apporta espoir et allégresse à chaque coeur. Ceci se manifesta de nombreuses façons. Les prières et les témoignages furent émouvants et remplis de courage en raison de l'amour de Dieu qui en poussa beaucoup à se repentir, sans désespérer et à croire sans présomption. Presque tous ont quitté la réunion en louant Dieu. » [6]

Mais tandis que la plupart des frères et soeurs ont accepté avec joie le message de la justification par la foi, certains ouvriers l'ont considéré avec amertume et réagirent avec un esprit de sévère opposition. Les concernant, Ellen White écrivit dans la Review : « Il y a ceux qui ne voient pas la nécessité d'une oeuvre spéciale pour ce temps. Tandis que Dieu agit pour réveiller le peuple, ils cherchent à mettre de côté le message d'avertissement, de reproche et de supplication. Leur influence tend à apaiser les craintes du peuple et à l'empêcher de prendre conscience de la solennité de cette époque. Ceux qui agissent ainsi ne font pas retentir la trompette d'une façon sûre. Ils devraient être conscients de la situation, mais ils ont été pris au piège par l'ennemi. » [7] D'autres, en particuliers, les plus jeunes ouvriers, prenaient une attitude d'attente. Bien sûr, de nombreux membres firent de même; ainsi, ils ne s'approprièrent pas pleinement les messages de l'amour et de la grâce de Dieu. À ce sujet, Ellen White écrivit dans la Review en mars 1890 :

« Nos jeunes hommes regardent à nos frères plus âgés et comme ils ne les voient pas accepter le message, mais le traiter comme s'il n'était pas important, cela incite ceux qui ignorent la Bible à rejeter la lumière. Les hommes qui refusent de recevoir la vérité s'interposent entre le peuple et la lumière. » [8] Les deux frères, Jones et Waggoner, et Ellen White attendaient la session de la Conférence générale de 1889, à Battle Creek, sous la présidence de O.A. Olsen, Président. Jones fit une série d'études sur la justification par la foi qui apporta la lumière, la paix et la joie et la vérité aux auditeurs [9]. Frère Olsen était en pleine harmonie avec le message de 1888. Bien qu'il fut en Europe jusqu'en mai 1889, une assemblée pastorale s'était tenue à Battle Creek de janvier à mars 1889 et Jones y tint un rôle important. Comme ce « Séminaire » avait eu tant de succès, on en projeta encore deux pour la période 1889-1891, entre deux sessions de la Conférence générale. Ces rencontres étaient conçues spécialement pour les évangélistes et les jeunes pasteurs et visaient à briser l'opposition suscitée à Minneapolis. Jones et Waggoner furent parmi les instructeurs. [10] Vers la fin du deuxième séminaire, en mars 1890, Ellen White a écrit avec joie à son fils William et à sa femme Mary : « La parole prononcée est pleinement reçue par le plus grand nombre des présents. Ceux qui se sont opposés au message de 1888 n'ont pas de puissance maintenant. Il y a un fort courant vers le ciel. » Le lendemain, elle écrit : « Mon coeur est rempli d'actions de grâce et de louanges à Dieu. Il a déversé sur nous des bénédictions. L'épine dorsale de la rébellion est brisée chez ceux qui sont venus des autres endroits. » [11] Certains encore, probablement des pasteurs plus âgés dans le champ missionnaire, semblaient « traîner les pieds ». En août 1890, Ellen White publia un article dans la Review indiquant qu'à certains égards le climat spirituel de l'Église en général n'était pas meilleur qu'il n'avait été avant la Conférence de Minneapolis. Elle écrivait :

« Comment nos pasteurs peuvent-ils devenir représentants du Christ quand ils pensent qu'ils se suffisent à eux-mêmes ? Leur esprit et leur attitude signifient : « Je suis riche et je n'ai besoin de rien. » Depuis la réunion de Minneapolis j'ai constaté la condition de Laodicée comme jamais auparavant. J'ai entendu le reproche de Dieu à l'égard de ceux qui se sentent si satisfaits et qui ne connaissent pas leur dénuement spirituel. Comme les Juifs, beaucoup ont fermé les yeux pour ne pas voir, mais il y a maintenant un si grand péril de fermer les yeux à la lumière et de marcher séparé de Christ, n'éprouvant le besoin de rien, péril aussi grand que celui qui existait quand Christ était sur terre... » « Ceux qui réalisent leur besoin de repentance devant Dieu et de foi à l'égard de notre Seigneur Jésus-Christ éprouveront la contrition de l'âme et se repentiront de leur résistance à l'égard de l'Esprit de Dieu. Ils confesseront leur péché du refus de la lumière envoyée avec grâce par le ciel et ils abandonneront le péché qui a affligé et insulté l'Esprit du Seigneur. » [12]

Au troisième séminaire biblique, un bon esprit régna à nouveau et donna le ton pour la session de la Conférence générale de 1891 où Fr. Olsen rapporta que les séminaires avaient eu un succès dépassant toute attente. Le dernier spécialement avait créé un climat spirituel idéal pour la session. Ellen White écrivit :

« Le Seigneur a été au milieu de nous et nous avons vu son salut. Je n'ai jamais assisté à une Conférence générale où se manifesta autant l'Esprit du Seigneur dans l'étude de sa Parole qu'à cette occasion. » [13] Les bénédictions de Dieu furent si évidemment présentes à cette session de la Conférence générale que le reporter de la Review se sentit poussé à écrire à la fin de la session : « Nous sommes maintenant exactement sur le point de la venue promise de l'Esprit, la pluie de l'arrière-saison, par laquelle le message terminera son oeuvre avec puissance, oeuvre qui sera abrégée dans la justice. » [14]

À la fin de la session de 1891 de la Conférence générale, les perspectives paraissaient en fait brillantes pour l'Église. O.A. Olsen et E.G. White étaient côte à côte, soutenus par Jones et Waggoner et un nombre croissant d'autres personnes et le message de Christ et de sa justice semblait sur le point de s'étendre dans l'Église.

C'est à cette Conférence que le Comité des Missions à l'étranger, sous la présidence de O.A. Olsen, avec W.C. White comme secrétaire, décida d'inviter Ellen White d'aller en Australie en automne. Ellen White avait espéré que cette idée ne ferait pas de progrès. Elle rechercha le conseil de Dieu mais ne reçut pas de lumière de lui. Cependant, certains dirigeants ont persévéré longtemps dans leur plan afin qu'elle y aille. Ils l'ont encouragée, disant qu'elle n'aurait pas à porter de fardeaux en Australie mais pourrait se consacrer à ses écrits. Ne recevant aucune lumière précise de Dieu, elle céda à la demande de la Conférence générale [15].

Des années plus tard, elle comprit pourquoi Dieu ne lui avait pas envoyé de lumière sur le caractère judicieux de son départ pour l'Australie en 1891. En 1896, elle a écrit : « Que les gens de Battle Creek aient cru qu'ils pouvaient nous faire partir au moment où nous l'avons fait, c'était là le résultat des conceptions humaines et non celles de Dieu. Il y avait une si grande volonté de nous faire quitter l'Amérique que Dieu permit que cela arrive. Ceux qui étaient lassés, par les témoignages apportés furent privés des personnes qui témoignaient. Notre départ devait permettre aux hommes d'agir à leur guise et selon leur volonté, qu'ils pensaient supérieure aux voies de Dieu...

« Si vous (O.A. Olsen) aviez gardé la bonne position, cette démarche n'aurait pas eu lieu à ce moment-là. Dieu aurait agi pour l'Australie par d'autres moyens et une forte influence aurait été conservée à Battle-Creek, le coeur de l'oeuvre. Nous y étions coude à coude, créant une saine atmosphère devant être ressentie dans toutes nos fédérations. À notre départ, beaucoup ressentirent du soulagement, mais pas vous-même et le Seigneur fut mécontent car il nous avait placés pour nous tenir à la barre de notre mouvement, à Battle-Creek. » [16] Les deux hommes, O.A. Oison et Willy White, avaient accepté la proposition des autres membres du comité pour les missions, afin qu'Ellen White aille en Australie. Ils savaient que ce serait un avantage pour le développement de l'oeuvre là-bas, comme sa visite en Europe avait été un stimulant pour l'avancement de l'oeuvre dans ce continent. Apparemment, une partie du comité voulait libérer l'Amérique de l'influence d'Ellen White et de son fils Willy. Et ceux qui ont suggéré et ardemment soutenu ce plan pensaient qu'en enlevant les White de Battle-Creek et d'Amérique, ils pourraient arrêter la marée grossissante du message de 1888.

L'élan en direction de Dieu et l'acceptation du message de 1888, manifestés dans les séminaires bibliques, culminant à la session de la Conférence générale de 1891, fut suivi de la repentance et de la confession de beaucoup de ceux qui avaient résisté au message. Début janvier 1891, Uriah Smith qui avait été une pierre d'achoppement pour beaucoup [17] confessa qu'il avait pris une position fausse à Minneapolis. George Butler, dans la Review en 1893, confessa son changement d'attitude envers le message de 1888 et les instructions transmises par la servante du Seigneur [18]. Il revint dans l'oeuvre après le décès de sa femme invalide en 1901. Ceci apporta une joie particulière à Ellen White [19].

Références:

1. E.G. White, Manuscrit 9, 1888, ouvr. Olson, p. 301
2. E.G. White, Review and Herald, 5 mars 1889
3. Idem, 23 juillet 1889
4. Idem, 13 août 1889
5. Idem, 3 sept. 1889
6. S.H. Lane, Review and Herald, 10 sept. 1889, ouvr. Olson p. 67
7. E.G. White, Review and Herald, 13 août 1889, ouvr. Olson, p. 61-62
8. E.G. White, 18 mars 1890, ouvr. Daniells, p. 51
9. E.G. White, Manuscrit 10, ouvr. Olson, p. 67, 68
10. Ouvr. Olson, p. 71-82
11. E.G. White, lettre 30, ouvr. Olson, p.75, 76
12. E.G. White, Review and Herald, 26 août 1890
13. E.G. White, Lettre 3, 1891. ouvr. Olson, p. 82, 83
14. Review and Herald, 31 mars 1891, ouvr. Olson, p. 84
15. 15, Arthur White, Ellen G. White, The australian Years, p. 14-16
16. E.G. White, Lettre 127, 1896, ouvr. A.L. White, p. 258
17. Ouvr. Olson, p. 97-108
18. G.I. Butler, Review and Herald, 13 juin 1893, ouvr. Olson, p. 91-93
19. E.G. White, Lettre 77, ouvr. Olson, p. 94

Chapitre 10— Le Message de 1888 vacille

L'approbation par Uriah Smith du Message de 1888 ne fut ni totale ni faite de tout coeur. Elle était chancelante. Son biographe. E. Durand dit que malgré sa repentance et sa confession d'une attitude fausse et d'une position d'opposition à la Conférence de Minneapolis, il « avait encore la même opinion » [1].

L'incapacité de Smith de s'unir de tout coeur pour prêcher la justification par la foi et Christ notre justice causa à Ellen White un grand chagrin. En septembre 1892, elle lui a écrit d'Australie : « Vous ne pouvez pas dire combien cela me peine de voir certains frères prenant une ligne de conduite qui, je le sais, déplaît à Dieu. Le même esprit, manifesté dans le passé, se retrouve à chaque occasion, mais ce n'est pas dû à l'impulsion de l'Esprit de Dieu. Vous avez perdu une riche et puissante expérience et cette perte, résultant du refus des précieux trésors de la vérité, qui vous étaient offerts, est encore une perte pour vous. Vous n'êtes pas là où Dieu voudrait vous voir.

» Les nombreuses idées confuses concernant la justice de Christ et la justification par la foi résultent de la position que vous avez prise envers les hommes et le message envoyés de Dieu. La justification par la foi et la justice de Christ sont les thèmes qu'il faut présenter à un monde qui périt. Oh ! Que vous puissiez ouvrir votre coeur à Jésus ! La voix de Jésus, le grand marchand des trésors du ciel vous appelle. » [2] Le fait de vaciller de la part d'Uriah Smith avait fait perdre au message de 1888 de son élan et de son impact. D'autres confessions avaient suivi celles de frère Butler et d'Uriah Smith. Ellen White, en Australie, s'en réjouit.

Mais en même temps que ces acceptations personnelles du message de 1888, un très imperceptible mouvement souterrain d'opposition apparaissait contre lui. Ceci fut cependant très nettement perçu par la messagère du Seigneur.

Dans la Review, en 1892, elle exprima son souci, vu la résistance au message de 1888 :

« Il y a de la tristesse dans le ciel, vu l'aveuglement spirituel de beaucoup de nos frères. Dieu a suscité des messagers et les a dotés de son Esprit. Que personne ne coure le risque de s'interposer entre le peuple et le message du ciel. Celui-ci lui parviendra et s'il n'y avait personne pour l'annoncer, les pierres elles-mêmes crieraient. Je demande à chaque pasteur de rechercher le Seigneur, d'abandonner l'orgueil et la lutte pour la suprématie, ainsi que d'humilier son coeur devant Dieu. C'est la froideur du coeur, l'incrédulité de ceux qui devraient avoir la foi qui maintient les églises dans la faiblesse. » [3] En 1894, Ellen White parla de l'Église comme d'un corps : « Le message à Laodicée s'applique largement à notre peuple. Depuis longtemps il est placé devant nous, mais nous n'y faisons pas attention comme nous aurions dû le faire. Quand l'oeuvre de repentance est profonde et fervente, chaque membre de l'Église achète les riches biens du ciel. » [4] La grande raison de la durable et insipide condition spirituelle de l'Église était l'influence de plusieurs dirigeants importants à Battle Creek, qui étaient défavorables au message de 1888, tels Harmon Lindsay, trésorier de la Conférence générale et A.R. Henry, directeur de la Review and Herald Publishing Association.

O.A. Olsen était un homme bon et spirituel, avec des motivations pures, désirant servir Dieu. Il avait totalement embrassé le message de 1888 et apprécié les conseils d'Ellen White. Mais il ne possédait pas la force morale personnelle pour mettre en oeuvre ses conseils, car il était entouré de collaborateurs aux idées hostiles. Il était, semble-t-il, plus intéressé à maintenir l'unité parmi les croyants qu'à faire ce que Dieu lui avait indiqué par sa messagère. L'extrait suivant d'une lettre d'Ellen White à A.O. Tait, du 27 août 1896, reflète cette faiblesse d'Olsen.

« Je plains bien frère Olsen. Je lui ai beaucoup écrit concernant la situation. Il m'a répondu en me remerciant pour ces lettres opportunes, mais il n'a pas agi selon la lumière offerte. Ce cas est mystérieux. Dans ses voyages, il a lié à lui, comme compagnons, des hommes dont l'esprit et l'influence ne doivent pas être approuvés et ceux qui leur font confiance seront induits en erreur. Mais malgré la lumière placée devant lui depuis des années concernant cette question, il a continué à s'aventurer, dans une direction contraire à la lumière que Dieu lui a donnée. Tout ceci trouble son discernement spirituel et fait de lui, concernant l'intérêt général et les progrès sains et salutaires de l'oeuvre, un gardien infidèle. Il poursuit une ligne de conduite qui nuit à son discernement spirituel et il conduit d'autres esprits à voir les choses sous une fausse lumière. Il a Donné la preuve sans équivoque qu'il ne considère pas les témoignages que Dieu a jugé bon de donner à son peuple comme dignes de respect ou comme ayant un poids suffisant pour influencer sa ligne d'action.

« Je suis désespérée au-delà de tout ce que je puis exprimer ici. Sans équivoque, le pasteur Olsen a agi comme Aaron, concernant les personnes qui se sont opposées à l'oeuvre de Dieu depuis la réunion de Minneapolis. Ils ne se sont pas repentis de leur façon de faire en résistant à la lumière et à l'évidence. Il y a longtemps, j'ai écrit à A

R. Henry, mais aucune réponse ne m'est parvenue. J'ai écrit récemment à Harmon Lindsay et à sa femme, mais je suppose qu'il ne "respectera" pas cette affaire suffisamment pour me répondre.

» Selon la lumière qu'il a plu à Dieu de me donner, jusqu'à ce que le champ, ici aux États-Unis, ait fait la preuve de battements de coeur plus salutaires, moins le Pasteur Olsen fera de longs voyages avec les collaborateurs qu'il a choisis, A.R. Henry et Harmon Lindsay, mieux cela vaudra pour la cause de Dieu. Les champs lointains se porteront aussi bien sans ces visites. La maladie qui est au coeur de l'oeuvre empoisonne le sang et ainsi elle se communique au corps que ces pasteurs visitent. Pourtant, malgré cet état de choses maladif, ici en Amérique du Nord, certains ont ressenti un grand souci qui les pousse à prendre sous leur aile maternelle l'ensemble des communautés...

» Un grand nombre de ceux qui ont servi de conseillers dans les réunions de comités ont besoin d'être éliminés. D'autres doivent prendre leur place car leur voix n'est pas la voix de Dieu. Ces hommes ne s'appellent plus Israël mais "supplanteurs". Ils se sont actionnés eux-mêmes si longtemps, au lieu d'être actionnés par le Saint-Esprit qu'ils ne savent pas quel esprit les pousse à l'action...

"L'aveuglement spirituel qui pèse sur les esprits humains sembles approfondir. Des hommes s'occupant des choses sacrées sont inconvertis. Ils doivent être remplacés par des hommes qui, non seulement connaissent la vérité, mais qui la pratiquent. Il aurait beaucoup mieux valu avoir changé les hommes et les comités que d'avoir gardé les mêmes hommes des années jusqu'à ce qu'ils supposent que leurs propositions doivent être adoptées sans discussion et en général, aucune voix ne s'est élevée en faveur d'une direction opposée. » [5]

Ainsi, la condition spirituelle des croyants en Amérique n'était pas idéale en 1896. Dans un message aux pasteurs écrit de Cooranbourg en Australie, Ellen White exprimait ainsi ses appréhensions : « Si seulement les hommes voulaient abandonner leur esprit de résistance au Saint-Esprit -- l'esprit qui a été longtemps le levain de leur expérience religieuse -- l'Esprit de Dieu s'adresserait lui-même à leur coeur. Il convaincrait de péché. Oh, si je pouvais recevoir la bonne nouvelle que la volonté et l'esprit des hommes à Battle Creek qui se sont tenus d'une façon déclarée comme dirigeants se sont émancipés des enseignements et de l'esclavage de Satan dont ils ont été depuis si longtemps les captifs. Je voudrais traverser le vaste Pacific pour voir vos visages une fois de plus. Mais je ne suis pas impatiente de vous voir avec des perceptions affaiblies et des esprits nébuleux parce que vous avez choisi l'obscurité plutôt que la lumière. » [6] « Les étincelles de réveil spirituel à South Lancaster, Massachussets, en janvier 1889 et dans les camps-meetings de la même année s'amplifièrent dans les assemblées pastorales et devinrent une vive flamme à la session de la Conférence générale en 1891. Mais cette flamme pâlit et s'éteignit sans mettre l'Église en feu, avec le message de la justice par la foi et de Christ notre justice. Ceci malgré l'appel catégorique de la servante du Seigneur disant que « la justification par la foi et la justice de Christ sont les thèmes à présenter à un monde qui périt » [7].

Vers 1899, la justice de l'Église était devenue écoeurante pour notre Sauveur. Ellen White a écrit : « Il y a une mouche morte dans le collyre. Votre propre justice est écoeurante pour le Seigneur Jésus-Christ (Apoc. 3:15-18). Ces paroles s'appliquent aux Églises et à beaucoup de ceux qui se trouvent dans des postes de confiance dans l'oeuvre de Dieu. » [8] Mais à la session de la Conférence générale de 1901, il y eut des signes d'un climat spirituel plus sain dans l'Église quand elle débuta le matin du 2 avril, tous remercièrent Dieu de ce que sa messagère soit présente après dix ans d'absence. L'attitude envers Ellen White et ses conseils fut totalement différente de celle existant à la session de 1888 [9]. Son conseil et ses requêtes avaient été négligés et presque ouvertement rejetés. Ce fut en grande partie le malaise concernant certains dirigeants influents concernant sa personne et ses messages qui avait suscité le plan de l'envoyer en Australie en 1892.

À la session de 1901, son conseil fut sollicité et l'on y prêta attention. Ellen White reconnut l'unité qui caractérisa cette Conférence. Elle dit : « Il semble y avoir dans cette assemblée un effort pour avancer ensemble. » Le sentiment régnant pendant la session fut résumé par A.G. Daniells quand il dit que tous sentirent que leur seule sécurité résidait dans l'obéissance, en suivant le Grand Conducteur, dont les plans furent souvent révélés aux délégués par l'intermédiaire d'Ellen White. » [10]

Arthur White, dans la biographie d'Ellen White, note qu'à la Conférence générale de 1901, les instructions du ciel transmises par Ellen White furent adoptées sans hésiter. Un exemple frappant de cet état d'esprit fut l'ouverture d'esprit de R.S. Donnell devant le témoignage d'Ellen White concernant le fanatisme dû à la théorie de la chair sainte qui avait ravagé l'Église dans l'Indiana [11].

Le « Bulletin de la Conférence générale » du 18 avril dit que la session de la Conférence générale de 1901 présenta les meilleures réunions et que le Seigneur a parlé par soeur White pour corriger les mauvaises méthodes dans la ligne de conduite et réprouver les théories qui jettent le trouble. Ceux qui étaient impliqués ont répondu, reconnaissant que la voix venait du ciel, promettant de vivre en accord avec elle [12]. Ellen White elle-même expliqua le succès de la Conférence en disant que le Dieu du ciel avait été présent et que les anges de Dieu avaient oeuvré par nous [13].

Mais un an plus tard, en 1902, Ellen White a écrit un article dans la Review, intitulé « Le besoin d'un réveil et d'une réforme ». Elle y révélait que la spiritualité personnelle était en grand déclin dans l'Église en général. Elle disait : « À moins qu'il y ait une nouvelle conversion, il y aura bientôt un tel manque de piété que l'Église sera représentée par le figuier stérile. Dans beaucoup de coeurs, il semble qu'il y a à peine un souffle de vie spirituelle... Dieu réclame un réveil spirituel et une réforme spirituelle. » [14] L'Église reçut ce grave avertissement 14 ans après la Conférence de Minneapolis.

Deux années plus tard, elle écrivit sur le même ton dans la Review : « Depuis 20 ans, une influence subtile et sans consécration a conduit les hommes à compter sur les hommes et à s'attacher aux hommes, en négligeant leur Compagnon céleste. Beaucoup se sont détournés de Christ; ils n'ont pas réussi à apprécier l'Être unique qui déclare : "Voici, je suis avec vous tous les jours jusqu'à la fin du monde." » [15]

L'expérience spirituelle de l'Église ne fut pas bonne au début du vingtième siècle. L'Église avait rejeté le message donné à Minneapolis en 1888 et l'acceptation ébauchée qui suivit avait chancelé comme l'a observé un historien de l'Église [16]. Apparemment, de 1902 à 1904, l'Église était en danger de retomber dans le même état qui avait existé avant la Conférence de Minneapolis.

Références :

1. Durand, Yours in the Blessed Hope, p. 260-263
2. E.G. White, Lettre 24, 1892, ouvr. Olson, p. 105, 106
3. E.G. White, Review, 26 juillet 1892, ouvr. Daniells, p. 52
4. S.D.A. B.C. Ellen White Comments, vol. 7, p. 961
5. E.G. White, Lettre 100, 1896
6. E.G. White, Testimonies to Ministers, p. 393-396
7. S.D.A. B.C. Ellen White Comments, vol. 7, p. 964
8. Idem, p. 9062-963
9. A.L. White, Ellen White The Early Elmshaven Years, p.73, 74
10. Idem, p. 89, 91
11. Idem, p. 100-107
12. Bulletin de la Conférence générale, 1901, p. 305
13. Ellen White, Bulletin de la Conférence générale, 1901, p. 463
14. Ellen White, Review and Herald, 25 févr. 1902
15. Idem, 18 févr. 1904
16. Schwatz, Light Bearers to Remnant, p. 189, 195

Chapitre 11— A.G. Daniells évalue le destin du Message de 1888

Au moment de la Conférence générale, A.G. Daniells a 30 ans, était missionnaire adventiste en Nouvelle-Zélande. Ellen White arriva en Australie en décembre 1891, et Daniells, comme président de la Fédération d'Australie et plus tard, de l'Union d'Australie, avait des contacts répétés avec elle. Ensemble, ils rentrèrent aux États-Unis en 1900. En 1901, Fr. Daniells devint Président de la Conférence générale. Jusqu'à la mort d'Ellen White en 1915, il se fia à ses conseils et puisa souvent à sa sagesse divinement inspirée.

Daniells ne décida pas de suivre les avis d'Ellen White parce qu'elle était toujours d'accord avec lui ou charitable envers lui. Loin de là ! Elle agissait parfois très sévèrement avec lui. Mais il discerna toujours ses bonnes intentions de serviabilité et il tint compte de ses avis. Dans une lettre pour encourager un Président de Fédération en fin de fonction, Daniells a écrit concernant l'aide d'Ellen White : « Parfois, l'aide accordée se présentait sous la forme de vifs reproches. Ceci n'était pas agréable pour le coeur naturel, je puis vous assurer. Cela tranchait profondément. Je ne pouvais pas toujours comprendre tout ce qui était dit, ni la façon dont l'aide était accordée, mais je n'osais pas rejeter le conseil. Et quand j'étudiais, priais et abandonnais mon coeur à la soumission à Dieu, la lumière venait dans mon esprit et le courage dans mon coeur, avec une aide nouvelle pour mes tâches à accomplir. » [1]

Dans une lettre adressée à W.C. White, Daniells réfléchit à une expérience remontant aux jours troublés de 1902. « J'ai été profondément convaincu que je dois être aussi fidèle à l'Esprit de prophétie que l'aiguille l'est au pôle et que je dois jouer le rôle d'un homme en me tenant aux côtés de la servante du Seigneur, soutenant ses bras et conduisant cette dénomination à apprécier ce grand don. J'ai été si totalement accablé par cette pensée que ma force m'a abandonné. Rempli du terrible sentiment des responsabilités pesant sur moi, je promis à Dieu de tout coeur d'être fidèle à cette cause et de faire tout ce qui était en mon pouvoir pour empêcher que quoi que ce soit voile la gloire de ce don ni celle de la servante du Seigneur qui avait exercé ce don pendant tant d'années. » [2] Daniells avait décidé de suivre les conseils de la messagère spéciale de Dieu pour son Église. Son but fut de maintenir sa pensée et ses actes à l'unisson avec l'Esprit de prophétie. Dans une lettre envoyée à P.T. Magan et E.A. Sutherland en 1904, Ellen White le reconnaît bien :

« Le pasteur Daniells est un homme qui a montré que les témoignages sont vrais et qui s'y est montré fidèle. Quand il s'est trouvé qu'il était en désaccord avec eux, il a bien voulu reconnaître son erreur et venir à la lumière. Si tous les autres avaient fait cela, il n'y aurait pas l'état de choses actuel. Dieu a blâmé le pasteur Daniells quand il s'est trompé et celui-ci a montré sa détermination de se tenir du côté de la vérité et de la justice et de corriger ses fautes. [3]

Étant donné la loyauté optée par frère Daniells à l'égard de la pensée d'Ellen White dirigée par le Saint-Esprit, ces questions se posent.

Si le pasteur Daniells avait été convaincu qu'Ellen White croyait que la majorité des adventistes avait accepté le message de 1888 aurait-il écrit comme il l'a fait dans son livre « Jésus, notre justice » ? Ou bien, est-il possible que le pasteur Daniells reflète la teneur des sentiments d'Ellen White avant sa mort ?

Les citations suivantes reflètent la pensée du pasteur Daniells se rapportant au message de 1888 :

« L'Écriture montre clairement le chemin de la justification par la foi. Les écrits de l'Esprit de prophétie expliquent cette doctrine et la mettent en valeur. Aveuglés et lents à comprendre, nous avons erré loin de ce chemin et, pendant de nombreuses années, nous n'avons pas su apprécier cette vérité sublime. Mais notre Grand Chef n'a pas cessé d'adresser des appels à son peuple pour qu'il revienne à ce fondement important de l'Évangile et reçoive par la foi la justice imputée de Jésus pour ses péchés passés, et sa justice impartie, afin que la divinité soit révélée dans la nature humaine. » [4]

« Combien il est attristant et profondément regrettable que le message de la justification en Christ ait rencontré l'opposition de la part d'hommes de Dieu sérieux et bien intentionnés ! Ce message n'a jamais été accepté et proclamé librement comme il aurait dû l'être pour permettre à l'Église de recevoir les bénédictions sans mesure dont il était le porteur. » [5]

« Le conflit qui s'éleva entre les frères dirigeants à propos du message de la justification par la foi eut des effets déplorables. Les membres d'église furent dans la confusion et ne surent que faire. »

Fr. Daniells a cru que parmi ceux qui avaient entendu le message de 1888, « beaucoup ont gardé la ferme conviction que ce message occuperait un jour une place prépondérante parmi nous, et que le Seigneur accomplirait par ce moyen une oeuvre de purification et de régénération dans l'Église » [7]. Il était convaincu que : « Tôt ou tard, il nous faudra les (les messages du Seigneur) comprendre, les accepter et leur redonner leur vraie place. » [8]

Daniells commente ainsi : « L'avertissement solennel donné par l'Esprit de prophétie à un grand nombre d'adventistes ayant perdu de vue la « doctrine de la justification par la foi » date de 1889. Que s'est-il produit chez ceux qui, parmi nous, n'ont pas tenu compte de cette précieuse vérité et ne l'ont pas comprise ? Personne ne peut le dire. Mais ce que nous savons, c'est que tous ceux qui croyaient au message du troisième ange, à cette époque, auraient dû avoir une claire conception de la doctrine de la justification par la foi et une expérience profonde de la grande transformation qu'elle opère dans le coeur humain. » [9]

Daniells regrettait que « la cause Dieu a beaucoup souffert de ce manque d'expérience réelle de la puissance céleste qu'est la justification par la foi » [10].

Au moment de la publication de « Jésus-Christ, notre Justice » en 1926, frère Daniells croyait que l'Église adventiste attendait encore l'expérience que Dieu avait espéré offrir à Minneapolis, mais qui avait été contrariée par une forte opposition. Daniells, déçu, a écrit : « Ce message n'a jamais été accepté ni proclamé librement comme il aurait dû l'être pour permettre à l'Église de recevoir les bénédictions sans mesure dont il était le porteur. » [11]

LeRoy Froom atteste que Daniells, son guide spirituel, conserva cette déception, même au moment de sa mort [12].

Références:

1. Arthur White, Ellen White, The later Elmshaven Years, p. 450
2. A.G. Daniells à W.C. White dans ouvr. John Robertson : A.G. Daniells, p.112
3. E.G. White, Lettre no. 255, 1904. Néanmoins, sa loyauté envers l'Esprit de prophétie fut remise en question après la Conférence biblique de 1919, ce qui contribua à son rejet à la Présidence de fa Conférence générale en 1922
4. Daniells, Jésus-Christ notre Justice, p. 5 (en français)
5. Idem, p. 33
6. Idem, p. 35
7. Idem, p. 16
8. Idem, p. 18
9. Idem, p. 63
10. Idem, p. 64
11. Idem. p. 35
12. Froom, Movement of Destiny, p. 484, 405

Chapitre 12— Notre responsabilité actuelle

Le péché et la culpabilité, tout comme les relations avec Dieu, sont personnels plutôt que collectifs. Donc, l'Église adventiste n'a pas commis le péché collectif, ni contracté une culpabilité collective à la session de la Conférence générale de Minneapolis en 1888. Mais beaucoup de gens n'ont pas réussi à accepter en fait qu'ils ont combattu le message de la justice par la foi.

Mais même en l'absence de péché et de culpabilité collectifs, pourrait-il y avoir quelque chose que notre Église devrait faire concernant sa conduite répréhensible à la Conférence de Minneapolis en 1888 ? Oui. Actuellement, comme membres de l'Église adventiste, nous sommes responsables d'avoir continué à déformer la vérité de la Conférence de Minneapolis et ses conséquences fâcheuses.

L'histoire façonne une nation et son peuple. On a dit que peu importe qui rédige les lois d'une nation, mais que celui qui écrit son histoire a une importance capitale. L'histoire d'une nation façonne et modèle en grande partie la philosophie, l'expérience et le développement des générations futures. Les lois d'une nation et même l'interprétation de sa Constitution ne sont que des reflets de sa pensée et de sa philosophie collectives. De la même manière, l'histoire d'un mouvement ou d'une Église le façonne ou le forme.

Si nous ne présentons pas franchement l'histoire de la session de la Conférence générale de Minneapolis et de ses suites fâcheuses, en tant que dénomination, nous perpétuons le péché commis en 1888. Ce faisant, nous nous unissons à nos ancêtres spirituels et crucifions Christ à nouveau en la personne du Saint-Esprit. Si nous prétendons que peut-être un rejet initial par certains se changea plus tard en une acceptation générale et enthousiaste du glorieux message de la justice par la foi, par l'église en général, il n'y a nul doute que nous peignions un tableau trop rose de notre Église -- l'Église de Laodicée...

« Ce qui nous pousse à obscurcir des faits sombres vient du besoin de conserver l'intégrité du « moi ». Il est plus aisé d'avancer en restant silencieux et en taisant les faits désagréables, rendant ainsi difficile les oscillations du navire. Mais des sociétés peuvent sombrer en raison du poids d'une faute enfouie. Les vérités doivent être dites et nous devons trouver une issue. » [1]

Il est encourageant de noter que des historiens adventistes récents disent que la Conférence de Minneapolis a rejeté le message de Christ et de sa justice, suivi d'une réforme hésitante. Nous louons Dieu pour cette aurore d'un jour nouveau de franchise concernant la Conférence de Minneapolis et ses suites fâcheuses. Il en est également ainsi pour la publication du « Matériel sur la Conférence de 1888 ». Maintenant toute personne se souciant de les lire peut le faire et décider par elle-même comment la Conférence de Minneapolis a reçu le message.

Cette franchise de la part des historiens respecte cette maxime : La première loi pour l'historien est de ne jamais exprimer une contre-vérité. La seconde est de ne rien exprimer qui ne soit vrai. De plus il n'y aura pas de soupçon de partialité dans ses écrits, ni de méchanceté. Il est de notre devoir, en tant que peuple, de confesser que pendant longtemps, nous avons en grande partie passé sous silence le rejet de fait du message de 1888 par la plupart des délégués à la Conférence de Minneapolis.

Dieu veut que tous ses disciples soient véridiques et honnêtes. Ceci s'applique en particulier à ceux qui affirment « avoir la vérité », la vraie compréhension biblique de l'Évangile.

En tant qu'Église, nous prescrivons l'honnêteté en paroles et en actes selon les 8e et 9e commandements du Décalogue. Nous sommes si attentifs à enseigner et à maintenir la vérité qu'un membre de notre Église peut même être radié pour violation de la loi de Dieu... « telle que mensonge voulu et habituel » [2]. Puisque c'est le critère requis pour être membre de l'Église, il est clair que si celle-ci est composée de membres véridiques, on dira aussi la vérité sur ce qui eut lieu en 1888 à Minneapolis.

Dieu n'a jamais exigé que chacun de ses disciples soit excessivement intelligent et capable de connaître et de comprendre. Il sait que ses enfants sont différents et possèdent ses dons à des degrés divers. La parabole des talents le confirme. Mais bien qu'ils soient doués différemment, il s'attend à ce que tous ses enfants soient fidèles. Et la fidélité à Jésus inclut la véracité et l'honnêteté. C'est à bon droit que notre Maître peut l'exiger. L'honnêteté est possible à tout niveau d'intelligence.

Tous, nous sommes sortis d'un monde plongé dans le mensonge et la tromperie. Mais notre Dieu se propose de nous sauver d'un tel vice pour nous rendre propres à la citoyenneté de la Sainte Cité où l'on ne trouvera personne qui pratique le mensonge; mais ils sont inscrits dans « le livre de vie de l'Agneau » (Apoc. 21:27).

Ainsi, dans un monde effréné dans la fausseté, où les contrevérités et les mensonges de toute sorte sont matière commune dans le commerce, le peuple de Dieu sera différent. Il sera honnête. Non seulement en paroles, mais aussi en intentions; car il est possible de dire la vérité en paroles et pourtant de tromper. La fausseté réside dans l'intention de tromper. « Un coup d'oeil, un geste de la main, une expression du visage manifesteront la fausseté aussi efficacement que les paroles. » [3] Les hommes et les femmes qui espèrent marcher un jour dans les rues pavées d'or de la Sainte Cité apprendront sur terre à aimer et à pratiquer la véracité. Ils ont décidé de dire la vérité du fond.

Un jour, un fils écrivait à son père : « Papa tu n'as pas toujours fait ce qui était juste, mais tu as toujours fait ce que tu pensais être juste et le meilleur lorsque tu avais affaire à nous, tes enfants, et aux autres. » Le père ressentit que c'était le plus bel éloge qu'il pouvait recevoir de son fils. Ce fils avait reconnu l'intégrité de son père. Dans toute sa conduite, celui-ci avait été honnête et avait agi avec des motivations pures.

Dieu lui-même est plus soucieux de nos motivations que de nos performances qui peuvent ne pas toujours refléter nos intentions. Il juge tout acte « d'après les motivations qui l'inspirent » [4]. « Ce ne sont pas les grands résultats obtenus, mais les motivations de nos actes qui ont du poids devant Dieu. » [5]

L'honnêteté inspirée par des motivations pures est une vertu fondamentale. Une personne malhonnête démontre qu'elle est dépourvue de principes. George Hébert a écrit autrefois : « Montrez-moi un menteur et je vous montrer un voleur. Être chrétien signifie que, par la grâce de Dieu, on se propose d'être honnête et de pratiquer la véracité envers Dieu et ses semblables, parce que Dieu désire la vérité dans l'être intime (Ps. 51:6). Ses disciples choisissent le chemin de la vérité (Ps. 119:30).

De l'autre côté, le mensonge et la fausseté viennent du grand rebelle, le père du mensonge (Jean 8:44).

Ainsi, comme enfants de Dieu aimant la vérité, notre responsabilité actuelle est de dire la vérité concernant la Conférence générale de 1888 et ses suites fâcheuses. Ce n'est pas une vertu de dire que tout a bien été, quand il n'en est pas ainsi. De plus, en continuant de cacher la vérité à ce sujet, nous devenons complices du rejet du message de la justice par la foi, tout comme les Juifs du temps de Jésus devinrent responsables des péchés de leurs ancêtres, en perpétuant ces péchés. Notre présentation défectueuse de ce qui arriva réellement en 1888 et de l'idée de notre dénomination que la Conférence générale de cette date marqua une grande victoire dans notre histoire a, sans nul doute, façonné la pensée et les opinions de la dénomination. Cela a contribué à nous fortifier dans notre attitude laodicéenne, disant que nous sommes « riches et enrichis de biens et n'avons besoin de rien », quand, en réalité, le témoignage du témoin véritable dit que nous sommes « malheureux, misérables, pauvres, aveugles et nus » (Apoc. 3:17).

Il est temps de dire la vérité concernant 1888, pour être capables d'accomplir l'oeuvre que Dieu attend de son peuple. En préparant le chemin du Roi, si chaque membre devient personnellement véridique, lui, le Prince de la vérité pourra nous doter de la puissance du Saint-Esprit. Alors, nous pourrons devenir des témoins pour aider à terminer rapidement son oeuvre dans le monde, afin que Jésus puisse venir chercher son épouse.

Références:

1. Daniel Galeman in Elaine Giddings, « The other Truth » Adventist Review 13 mars 1986
2. SDA Church Manual (1986) p. 162
3. Patriarches et Prophètes, p. 314
4. Les Paraboles, p. 275
5. Testimonies, vol. 2. p. 510, 511

Chapitre 13— Conformisme contre Conversion

Tous les présents à la Conférence générale de la session de 1888 étaient des adventistes dignes de foi. Beaucoup étaient des dirigeants respectés de l'Église. Ils connaissaient et acceptaient le message pour notre temps, croyant à la justice par la foi et pratiquant le mode de vie adventiste.

Dans la parabole du fils prodigue -- on pourrait mieux dire des deux fils prodigues -- l'aîné menait une vie bonne et honorable. Dans sa communauté et sa synagogue, il était probablement considéré comme un modèle parfait de vertu. Il était resté à la maison et avait aidé fidèlement son père à s'occuper de la propriété et de ses affaires. Son cadet, par contre, était un prodigue reconnu. Il avait abandonné un foyer et dilapidé son héritage avec des amis bons à rien et des prostituées.

L'aîné avait fait ce qui était juste. Il ressemblait à un fils parfait. Mais lui aussi, malgré son dévouement aux règles de la famille et du devoir était aussi étranger au coeur et aux pensées de son père que son cadet. Son manque de sympathie et de communion d'âme avec son père n'était pas connu. On le découvrit seulement quand il refusa d'assister à la réunion de famille pour accueillir son frère, vagabond et qu'il répondit à l'invitation de son père en disant : « Tu sais comment je t'ai servi toutes ces années; je n'ai pas une fois désobéi à tes ordres. » (Luc 15:29, NEB) Cette remarque a révélé que tout le temps où il avait fait la volonté de son père, il s'était senti comme un esclave dans la maison de son père. Il avait coopéré, non par amour pour ses parents et pour la joie de la communion quotidienne avec eux, mais simplement parce qu'il se sentait forcé de le faire par la contrainte du devoir.

Dans les épîtres aux Galates et aux Romains, Paul présente clairement la justice par la foi; mais il parle aussi très souvent des oeuvres de la loi. Par ces mots, il veut dire : docilité à l'égard de la volonté de Dieu exprimée dans sa loi, dictée non par un esprit de bonne volonté, mais par la force de contrainte de la loi.

« À ce sujet, Luther a écrit : « Or, les oeuvres de l'homme n'étant pas accomplies avec une volonté libre, ne sont pas les siennes; elles sont les oeuvres de la loi contraignante et restreignante. L'apôtre Paul peut bien les déclarer être non pas nos oeuvres mais celles de la loi, car ce que nous faisons contre notre volonté, n'est pas notre réalisation, mais celle de la puissance contraignante.

De même, les oeuvres de la loi ne rendent personne juste, quoique l'homme les accomplisse. Car dans la mesure où notre volonté est impliquée, nous les faisons simplement par peur de la punition de la loi. La volonté préférerait beaucoup agir autrement et le ferait si elle n'était pas contrainte par la loi menaçante et coercitive. [1] L'homme décrit dans cette citation fait vraiment ce qui est juste comme le frère aîné de la parabole. Il obéit à la loi de Dieu. Son action peut même être sans défauts, comme l'est celle du conducteur qui reste à regret dans les limites de vitesse. Mais il pèche encore dans la mesure où son attitude se rebelle contre la volonté de Dieu.

Il est en fait un esclave comme l'était le frère aîné et comme l'est le conducteur qui observe la loi et qui critique la limitation de vitesse. La motivation de leur obéissance est l'égoïsme. Ils obéissent seulement pour échapper à la punition ou pour avoir une récompense. Ils font « les oeuvres de la loi » comme Paul le dit.

Même un adventiste respectable peut faire les « oeuvres de la loi » ou obéir à la volonté de Dieu exprimée dans sa loi, mais à contre coeur et à regret. Il y a quelques années en sortant de l'une de nos églises, un ami me confessa : « Si je ne savais pas que le septième jour est le Sabbat de Dieu, assurément je ne l'observerais pas, car je ne l'aime pas vraiment. » Mon ami était prisonnier de la loi. Il n'avait pas encore appris à connaître Dieu et Jésus comme des amis et à jouir de leur communion spéciale par l'Esprit en leur jour sacré. Il vivait le mode de vie adventiste, mais ne jouissait d'aucune amitié avec Dieu.

L'obéissance par elle-même ne nous rendra pas apte à communier avec Dieu et les anges non déchus. Celui qui fait les oeuvres de la loi et le légaliste accomplissent les oeuvres. Le frère du prodigue aussi. Mais les oeuvres de quiconque, même si elles sont sans défaut, ne suffiront pas pour le salut. Quelque chose de plus est nécessaire. Le seul espoir de salut du pécheur repose sur la justice de Christ et cela résulte de la communion de l'âme ou la conformité avec Dieu et cette situation découle du fait que l'on a soumis le coeur et l'esprit à Dieu.

Les écrits inspirés disent : « Quand nous nous soumettons à Jésus, le coeur est uni à son coeur, la volonté se fond dans sa volonté, l'esprit devient un avec son Esprit, les pensées lui sont amenées captives et nous vivons sa vie. Voilà ce que signifie être revêtu de la robe de sa justice. » [2] Cela signifie communion de coeur et d'âme. De cette façon, Jésus devient notre justice.

Judas, qui trahit Jésus était un disciple digne de foi. Les autres disciples n'émettaient aucun doute concernant son authenticité. Ils le considéraient comme l'un de leurs meilleurs éléments. Même à la dernière scène, après que Jésus l'ait désigné comme le traître en lui donnant le morceau de pain trempé (Jean 13:21-30), pas même une seule personne ne le soupçonnait de duplicité.

Simon de Béthanie (Luc 7: 36-48) était un autre disciple, l'un des quelques pharisiens qui avaient ouvertement rejoint Jésus son ami. Celui-ci l'avait guéri de la lèpre et Simon espérait que Jésus pourrait être le Messie longtemps attendu. Mais il n'avait pas encore appris à le connaître comme son Sauveur. Il était étranger à la nouvelle naissance, ses péchés n'étaient pas pardonnés et ses principes étaient inchangés. Il était encore un pécheur, hors de la communion du Saint-Esprit, de Jésus et de son Père qui transforme. Bien qu'ami et disciple de Jésus, il ne faisait pas partie de sa famille et ne participait pas de sa nature ni de sa justice.

Le frère aîné, Judas et Simon étaient des conformistes, de l'ivraie au milieu du blé. Ils ressemblaient bien à des disciples, mais la conversion leur faisait défaut, avec la nouveauté de vie. Le conformiste peut souvent paraître meilleur qu'un converti aux yeux d'autrui et même des chrétiens... Simon paraissait meilleur que Marie aux yeux de la plupart des invités au repas. Le frère aîné semblait meilleur que l'enfant prodigue de retour. Il est possible d'être un adventiste respectable et bien accepté sans être un enfant de Dieu.

Ellen White dit que même plusieurs des pasteurs présents à la Conférence de Minneapolis en 1888 étaient inconvertis et avaient besoin de passer par la conversion. Tous obéissaient à un vaste système doctrinal bien coordonné. Ils étaient fidèles à un message. Leur christianisme était un acquiescement intellectuel à un corps de vérités abstraites logique, divin et magnifique plutôt qu'un don de leur vie à une Personne, comme c'est le cas dans le mariage. Car le salut, c'est la communion la plus intime avec Jésus, comme on l'a dans le mariage avec son conjoint.

Ceux qui rejetèrent le message de la justice par la foi en 1888 étaient honnêtes et beaucoup s'étaient donnés pour proclamer les vérités bibliques qu'ils avaient épousées sans réserve. Mais le christianisme authentique est une Personne et cette Personne est Jésus. Beaucoup à la Conférence de Minneapolis ne le connaissaient pas, bien que proclamant sa loi avec ferveur. Ainsi, leurs sermons étaient surtout centrés sur la Loi et ils n'ont pas reconnu son Esprit quand il tenta de leur parler.

Nul doute, le danger existe que dans l'Église -- et même dans l'évangélisation -- que l'on tende souvent à insister plus sur l'acceptation des croyances bibliques et la conformité au mode de vie que sur la conversion. On tombe aisément dans ce piège, car la conformité aux croyances et aux règles de l'Église se voit aisément et peut être facilement mesurée. La conversion, par ailleurs, est souvent discernable seulement par Dieu. Aux yeux d'autrui, le conformiste paraît être bon tandis que pour Dieu il est encore un étranger à sa grâce et est encore mort dans le péché et la transgression.

Les croyances correctes et le bon mode vie, importants certes, ne décident pas tout pour déterminer si quelqu'un de religieux est un chrétien de devoir ou non. Le coeur du vrai christianisme dépasse la conduite extérieure. Il considère les motivations et les attitudes.

Beaucoup, même parmi les délégués à la Conférence de 1888, étaient des conformistes à l'égard du système des croyances et du mode de vie adventiste. Ils ne connaissaient pas Dieu. Ils ressemblaient à des adventistes du 7e jour pratiquants, mais ils n'avaient pas appris à connaître Jésus, en tant que leur Sauveur.

C'est presque effrayant de comprendre qu'il fût possible d'être un ami de Jésus, comme l'étaient Judas et Simon de Béthanie et de jouir de sa compagnie et de celle de ses disciples et cependant de ne s'être pas préparé pour l'éternité avec lui, dans son royaume. Telle était la situation de nombreux pasteurs à la Conférence de Minneapolis.

Références:

1. Sermons sur Galates 3:23-29 « Sermons de Martin Luther » vol. 6, p. 968, 969
2. Paraboles. p. 271

Chapitre 14— 1888 Nous Lance Un Défi

Il peut être aisé pour nous, cent ans après 1888, de condamner nos ancêtres spirituels qui n'ont pas réussi à accepter avec joie le message de réveil de l'âme venu de Christ notre justice et présenté à nos ancêtres par Waggoner et Jones à la Conférence générale de Minneapolis. Les opposants au message objectèrent que Waggoner et Jones ne présentèrent rien de nouveau. Techniquement, ils avaient raison en affirmant qu'en tant qu'adventistes du 7e jour, ils connaissaient déjà ce message et possédaient la justice par sa grâce. Beaucoup de gens avaient aussi enseigné ces vérités salvatrices à d'autres.

En théorie, chaque membre de l'église adventiste, dès le début, avait accepté et cru à la vérité du salut par grâce, au moyen de la foi en Jésus-Christ. Comme chrétiens évangéliques, les Adventistes de 1888 n'ont pas éprouvé plus de difficultés pour souscrire mentalement à cette vérité fondamentale du salut que nous n'en avons aujourd'hui. Comme eux, nous l'acceptons de bon coeur, du moins en théorie.

La difficulté ne repose pas sur la compréhension intellectuelle et l'acceptation de la justice par la foi. C'est devenu presque un axiome chez tous les adventistes. Elle consiste plutôt dans la difficulté de nourrir et de garder cette expérience vivante dans la pensée et la vie chrétienne quotidiennes. A.W. Spalding, dans son ouvrage Origin and history of Seventh-day Adventists, observa avec justesse : « Elle est aisée a professer, mais insaisissable dans son application. » [1]

Comme Simon de Béthanie, tous les présents à la Conférence générale de 1888 considérèrent Jésus comme leur ami. Comme Simon, ils furent heureux aussi d'être en compagnie de ses disciples. Mais le salut ne jaillit pas d'une amitié temporaire avec Jésus. Il ne provient pas non plus du fait de jouir de sa compagnie, socialement. Simon a aimé les deux, mais aucune ne lui a garanti la justice de Christ ni le don du salut.

Le mot « relation » est souvent échangé dans les conversations d'aujourd'hui. On l'utilise aussi sur le terrain religieux, impliquant l'union à salut avec Dieu. Mais la relation n'est pas un remède universel. Une personne ou une organisation -- ou presque chaque chose à ce sujet -- se trouve en relation avec tout, d'une certaine manière... Depuis 1920, les U.S.A. sont en relation, bonne ou mauvaise avec l'U.R.S.S. De même les trois voyageurs qui virent le malheureux dévalisé et battu sur la route de Jéricho (Luc 10:25-37) étaient en rapport avec lui. Donc, le mot « relation » ne convient pas pour décrire l'union à salut avec Dieu.

La relation elle-même avec Dieu ne garantit pas le salut. Celui-ci résulte uniquement de la relation d'amitié ou de l'association de l'âme avec Dieu. Ce fut seulement la relation de sympathie du Samaritain pour le voyageur dévalisé et souffrant qui le sauva de la mort. Et l'association est bien plus que le fait d'être ensemble physiquement. Cela n'implique pas nécessairement des intérêts similaires dans l'accord et la camaraderie des âmes. Le frère aîné de la parabole, quoique restant à la maison, et faisant ce que son père voulait qu'il fasse, n'avait pas l'intérêt ou le profond souci de son père à l'égard de son jeune frère. Il ne participait pas à la nature de son père, à ses desseins, à ses goûts, à ses espoirs, à ses intentions ni à ses désirs ardents. Dans les réalités les plus profondes de la vie, il n'avait rien en commun avec son père. Ils ne jouissaient d'aucune association quoique vivant tous les deux sous le même toit.

Depuis le départ du jeune frère pour un pays lointain, à la recherche d'un bonheur insaisissable, le père priait sans cesse afin qu'il puisse rentrer en lui-même (Luc 15:17) et décider de revenir à la maison. L'association consiste dans le fait d'être UN en esprit, et non pas simplement d'être ensemble physiquement.

Marie, la soeur de Marthe et de Lazare, contrepartie de Simon au repas de Béthanie, eut une relation avec Jésus, différente de celle de Simon. Pour ce dernier, Jésus était un ami admiré dont il aimait la compagnie sociale. Pour Marie, Jésus était plus qu'un ami. Pour elle, il était le Messie humble et souffrant annoncé par les prophètes qui était venu, non pour délivrer la nation de la servitude romaine, mais pour libérer chacun de la servitude personnelle à l'égard du péché. C'était ce que Jésus avait fait exactement pour elle après qu'elle l'avait trouvé comme son Sauveur personnel.

Jésus avait guéri la relation brisée de Marie avec son Père céleste. Il lui avait rendu l'association intime d'amour avec lui et lui avait appris à désirer et chérir son amitié. Pour Marie, Jésus était l'Unique infiniment aimable -- le Chemin, la Vérité et la Vie -- sur qui son amour, sa dévotion et son affection reposaient. Elle savait qu'il avait pardonné ses péchés et fait d'elle une nouvelle créature et un membre de sa propre famille céleste.

À l'encontre d'un légaliste, Marie n'attendait aucun honneur céleste pour son geste. Elle répandit le parfum de prix sur les pieds de Jésus sans aucune pensée de récompense, mais simplement à cause de son amour pour lui et pour ce qu'il avait fait pour elle. Elle avait suivi l'incitation du Saint-Esprit [2]. Son geste auprès de Jésus était l'expression de son amour total et de son engagement sans réserve à l'égard de Jésus et de sa famille céleste.

L'intellectuel le plus astucieux, aussi bien que le saint le plus humble peuvent aimer une telle amitié. Un bébé naît et vit sans pouvoir expliquer l'origine de sa vie et le processus de la naissance. « Ainsi, la science du salut ne peut pas s'expliquer, mais elle peut se connaître par l'expérience. » [3] Un chrétien peut jouir d'une camaraderie intime avec Jésus sans être capable de comprendre et d'expliquer le processus selon lequel cela est arrivé. Il est simplement né pour entrer dans le royaume de Dieu, sans être pleinement conscient du processus de la nouvelle naissance.

Le concept de la nouvelle naissance embarrassa l'intellectuel Nicodème quand il en entendit parler la première fois. Mais plus tard, lui-même en fit l'expérience. Une expérience personnelle authentique dans les choses de Dieu va au-delà d'une connaissance intellectuelle, pour atteindre une camaraderie vibrante avec Jésus comme étant le centre de ses affections. Une telle association avec Dieu ne se bornera pas aux pensées et aux émotions. Inévitablement, elle se répercutera dans l'attitude et se répandra dans des actes de bonne volonté, en accord avec la volonté de Dieu. Une telle association de l'âme avec Jésus ici-bas nous qualifiera pour l'éternité avec lui dans son royaume (Es. 1:19).

Un voisin me raconta son expérience sur le théâtre de la guerre en Europe. En tant qu'adventiste du 7e Jour, âgé de 20 ans, il fit partie des forces d'invasion sur l'Afrique du Nord qui s'attaquèrent ensuite à l'Europe en débarquant à Saleme en Italie. Apparemment, il était le seul professant le christianisme dans sa compagnie entière. Plusieurs de ses camarades soldats apparemment semblables à lui -- jeunes, non mariés et attendant la mort chaque jour -- passaient leur temps libre à faire la fête. Je lui demandai : « Comment avez-vous pu rester fidèle à vos principes chrétiens dans des circonstances si adverses ? »

Il me répondit rapidement et simplement : « J'avais une fiancée dans le Kansas. Sa pensée m'aida à rester fidèle à mon idéal chrétien. » Bien que séparé de son amour par des milliers de kilomètres, en esprit il entretenait l'amitié avec elle. L'union de son âme avec elle l'influença plus que la compagnie des soldats insouciants autour de lui et il resta ancré dans ses principes pendant toutes ces années de guerre en Europe. Cette expérience d'un jeune soldat illustre l'amitié dont vous et moi devons jouir avec Jésus chaque jour. C'est une relation intime d'amour. Une personne qui jouit ainsi de cette relation d'amour avec Dieu expérimente l'accomplissement de la parole de Jésus dans Luc 17:21 : « Le royaume de Dieu est au-dedans de vous. » (KJV)

Cette association avec Dieu est basée sur la foi -- une complète confiance ou croyance en lui. Cette croyance conduit à l'engagement total du coeur, tout comme une épouse aimante s'engage envers son époux et vice-versa. Cet abandon apporte à ces deux êtres le plaisir et la joie les plus intenses.

Comme adventistes spirituellement vivants, nous chercherons à jouir chaque jour, de cette douce amitié avec Jésus qui apporte la paix. Alors l'expérience de la justice par la foi en nous sera nôtre et alors seulement, nous aurons en réalité accepté et non rejeté le message de 1888.

Une telle communion avec Dieu nous transformera. La plupart des jeunes gens aiment la cuisine de leur mère. Lorsqu'ils se marient, il se peut qu'ils trouvent que la nourriture qui leur est servie dans leur nouveau foyer est souvent différente de celle de leur mère. Ils n'apprécient pas particulièrement certains de ces nouveaux plats.

Mais ils aiment leur épouse et désirent s'adapter et lui plaire. Aussi se font-ils un devoir de consommer la nourriture qu'elle leur prépare.

Tandis qu'ils continuent de manger ces nouveaux mets, leurs papilles gustatives s'y adaptent graduellement. Et ce qu'au début ils ne prenaient qu'avec peu d'empressement, ils finissent par le manger avec plaisir. C'est que leurs goûts ont changé. Et ce changement n'a été possible que parce qu'ils aiment vraiment leur femme et désirent lui être agréables.

Une telle association et communion dans l'amour avec Dieu nous transformera, nous rendra dociles à ses voies, nous placera sous l'influence du Saint-Esprit. Ce que d'abord nous n'aimions pas concernant les voies de Dieu indiquées dans sa loi, nous commencerons à l'aimer quand nous serons transformés par l'amour divin. (Voir Rom. 12:2; 2 Cor 3:18) « Si nous y consentons, il s'identifiera si bien à nos pensées et à nos desseins, rendra si bien notre esprit et notre coeur conformes à sa volonté qu'en lui obéissant, nous ne ferons que satisfaire nos propres impulsions. La volonté affinée et sanctifiée trouvera son plaisir le plus élevé en se mettant à son service. » [4] Beaucoup des délégués à la Conférence de Minneapolis n'avaient pas atteint une telle amitié avec Dieu qui puisse renouveler leur nature. Quoiqu'ils soient pasteurs, ils ne le connaissaient pas en tant qu'ami. Ceci doit servir de signal d'alarme pour nous tous. Mais spécialement pour tous ceux qui sont pasteurs ou ouvriers dans son Église.

Dans la parabole des dix vierges, la moitié de celles qui attendaient l'époux dormaient spirituellement. Il est possible -- et cela arriva à Minneapolis -- que même les propres pasteurs de Dieu dans l'Église du reste soient spirituellement endormis. Mais Dieu est désireux de nous aider à rester spirituellement éveillés et tout à fait capables de le faire. Ce sera seulement ainsi que nous pourrons éviter d'imiter les Juifs d'autrefois et nos propres ancêtres spirituels de 1888 qui crucifièrent Jésus. À Minneapolis, c'est cela même qui s'est passé. Ils ne furent même pas conscients de ce qu'ils étaient en train de faire. Ils s'égarèrent dans cette voie, en raison d'un désaccord sur des questions mineures.

Deux ans après la Conférence, Ellen White déplora le bas niveau spirituel de l'Église. Mais elle dit : « Les membres de nos églises ne sont pas incorrigibles; la faute ne doit pas tellement être rejeté sur eux, mais plutôt sur ceux qui les enseignent. Leurs pasteurs ne les nourrissent pas. » [5] La faute du rejet du message de 1888 incomba non au peuple dans son ensemble, mais aux pasteurs.

Cette révélation sensationnelle doit être considérée avec sérieux dans notre Église par tous ceux qui sont pasteurs, enseignants ou dirigeants, dans quelque domaine que ce soit. Dans cette optique, il vaut la peine de remarquer « que le message à Laodicée est adressé d'abord et au premier rang à l'ange de l'Église de Laodicée (Apoc. 3:14). Les anges sont les étoiles des « sept églises » (Apoc. 1:20). Et « les ministres de Dieu sont symbolisés par les sept étoiles... Les étoiles du ciel sont sous le contrôle de Dieu. Il les pourvoit de la lumière, il guide et dirige leurs mouvements. S'il ne le faisait pas, elles deviendraient des étoiles déchues. Ainsi, en est-il de ses ministres. » [6] Pour diriger selon les plans de Dieu, les responsables de la direction du peuple de Dieu doivent être sous sa constante inspiration par le Saint-Esprit. Sinon, ils deviendront des étoiles tombées, comme certains des dirigeants de l'Église le sont devenus en relation avec l'expérience de 1888.

Il est possible d'être totalement familiers avec les enseignements de la Bible et pourtant de ne pas posséder la connaissance salvatrice de Dieu. Les prêtres Juifs à l'époque de la naissance de Jésus savaient que le Messie devait naître à Bethléem, mais ils ne connaissaient pas Dieu ni son Esprit. Le prêtre dans le temple qui tint Jésus dans ses bras au moment de sa présentation ne savait pas que le Messie promis était né. Mais les bergers qui étaient beaucoup moins familiers avec les rouleaux sacrés connaissaient Dieu et ainsi, ils ont appris la naissance de Jésus par les anges. De même les Mages avec leur connaissance limitée des Écrits sacrés. Siméon et Anne, inspirés par l'Esprit, ont appris sa naissance le jour où Jésus fut présenté au Temple. Selon le plan de Dieu, ils avaient ouvert leur esprit au Saint Esprit et l'avaient invité à habiter dans le temple de leur coeur et de leur âme. [7] Ellen White répéta son appel aux dirigeants et délégués à la Conférence générale de Minneapolis, pour une conversion -- qu'ils ouvrent leur coeur au Saint-Esprit. C'était seulement au travers de son illumination que même les professeurs de Bible pouvaient comprendre d'une manière correcte et à salut.

Réalisant que tout n'est pas idéal chez nous, peuple adventiste, même aujourd'hui, Neal C. Wilson, président de la Conférence générale, parla de la « vraie repentance » à la session de la Division d'Extrême-Orient, à Singapour, le 7 novembre 1987. Il mit en évidence qu'une réforme véritable résulterait d'un vrai réveil; il lança ce défi aux dirigeants de cette Division en posant avec force cette question : « Comment l'Église peut-elle s'attendre à changer si les dirigeants ne changent pas ? » Nous avons tous besoin de prendre garde à ce défi lancé par Ellen White à la session de la Conférence générale de 1901 : « Le temps est venu où notre peuple doit naître de nouveau. Ceux qui ne sont jamais nés de nouveau et ceux qui ont oublié qu'ils furent lavés de leurs anciens péchés feraient bien de se convertir. » [8]

Aujourd'hui, le désir de Dieu pour chacun de nous -- homme, femme, jeune et enfant -- est que nous décidions de nous convertir à nouveau chaque jour, que nous décidions de recevoir le Saint-Esprit comme l'hôte constant de notre âme.

La session de la Conférence générale de 1888 et ses séquelles lancent un pressant appel à chaque membre de l'Église adventiste du 7e Jour. Individuellement, nous devons faire des plans pour nous familiariser avec les enseignements de la Bible sous la direction du Saint-Esprit et répondre aux paroles de l'apôtre Paul : « Vous devez vous examiner vous-mêmes, pour vous assurer que vous appartenez réellement à Christ. C'est vous-même qui devez vous éprouver. » (2 Cor. 13:5, Vers. Philipps)

Est-ce que je prends plaisir à une communion quotidienne avec Dieu en lisant sa Parole sous la direction du Saint-Esprit qui m'illumine ? Est-ce que je prends plaisir à communier avec lui dans la prière dans le nom de Jésus ? Ou bien d'autres sujets d'intérêt me privent-ils du temps nécessaire pour la communion de l'âme avec Dieu et Jésus-Christ ? C'est seulement en cultivant cette communion, comme le jeune soldat le faisait avec sa fiancée au Kansas que nous serons sauvegardés de l'aveuglement d'un faux-pas et de tomber dans le pêché redouté, comme l'ont fait nos ancêtres spirituels, autrefois, en 1888.

Références:

1. Spalding, Origin and history, vol. 2, p. 281
2. Ellen White dit que Marie « ne pouvait expliquer pourquoi elle avait choisi cette occasion pour oindre Jésus. Le Saint-Esprit l'avait influencée et elle avait obéi. » (Jésus-Christ)
3. Idem, p. 491
4. Idem, p. 671
5. E.G. White, Special Testimonies, Série A, n 1, p. 46
6. Ministère évangélique, p. 10
7. Voir 1 Cor. 3:16; 6 19. « Depuis les âges éternels, le dessein de Dieu pour chaque créature, depuis le glorieux séraphin jusqu'à l'homme, était d'être un temple comme une habitation du Créateur. » Jésus-Christ, p. 142. « Ceux qui n'ont pas l'Esprit de Christ ne le suivent pas. » (Rom. 8:9)
8. E.G. White, Bulletin de la Conférence générale 1901, p. 26

Autres livres de l'auteur et du message de 1888 disponibles :

1. 1888 Ré-examiné, Auteur: Robert J. Wieland.
2. 1888 : Un bref aperçu de l'histoire et du contenu du message, Auteur: Robert J. Wieland.
3. L'Évangile dans l'Apocalypse, Auteur: Robert J. Wielan.
4. L'Évangile dans le livre de Daniel, Auteur: Robert J. Wieland.
5. La repentance corporative de l'Église, Auteur: Robert J. Wieland.
6. Éclairée de sa Gloire, Auteur: Robert J. Wieland.
7. Jésus-Christ interpelle encore Laodicée, Auteur: Robert J. Wieland.
8. Aie du zèle et repens-toi, Autor: Robert J. Wieland
9. La christologie dans les écrits d'Ellen White, Auteur : Ralph Larson.
10. L'Evangile dans Galates, Auteur : E. J. Waggoner.
11. Lettre aux Romains, Auteur : E. J. Waggoner.
12. L'alliance éternelle, Auteur : E. J. Waggoner.
13. Christ et sa justice, Auteur : E. J. Waggoner.
14. 1888 Materials ; Volumes 1-4 en anglais, Auteur : Ellen G. White.
15. Le chemin consacré à la perfection chrétienne, Auteur : A. T. Jones.
16. Le message du troisième ange ; 3 volumes, auteur : A. T. Jones.
17. Leçons sur la foi, auteurs : A. T. Jones et E. J. Waggoner.
18. L'homme de Romains 7 : Ralph Larson et E. J. Waggoner.

*Si vous souhaitez les acheter en gros (40% de réduction), ils sont dans des boîtes de 50 livres (peuvent être mélangés) et vous pouvez nous contacter à cette adresse email:

lsdistribution07@gmail.com